AF206377

Dirk Meersmann

Eurythmie als Entdeckungsweg

Überarbeitete Fassung der Masterarbeit, Alfter, 2012

Titelbild: Schüler aus einer der achten Klassen des Verfassers

Inhaltsverzeichnis:

Herstellung und Verlag:
BoD - Books on Demand, Norderstedt
ISBN 978-3-7448-5540-2

Vorwort

Dirk Meersmann unterrichtet seit nahezu 40 Jahren als Eurythmist an der Christian-Morgenstern-Schule in Wuppertal, einer Förderschule mit den Schwerpunkten Emotionale Entwicklung und Lernen. Dort begleiten die Klassenlehrer in den unteren Jahrgangsstufen ihre Schüler/Innen in allen Fachunterrichten, weil die Kinder aufgrund ihrer besonderen Vorbedingungen (z. B. seelische Traumata) eine kontinuierliche persönliche Anbindung brauchen.

Ich habe in meiner Eigenschaft als ehemaliger Klassenlehrer zwei Züge mit Dirk Meersmann durchlebt. Über die Begleitung des Eurythmieunterrichts in den ersten beiden Jahrgangsstufen hinaus ergab sich auch in den folgenden Jahren ein gewinnbringender Austausch von Beobachtungen und Erkenntnissen aus unseren Unterrichten.

Um diesen Austausch zu intensivieren, hospitierte ich regelmäßig, im Bedarfsfall auch spontan, im Eurythmie-Unterricht und war immer wieder fasziniert von Dirk Meersmanns Lebendigkeit und Gestaltungskraft.

Sein Unterricht ist von der ersten bis zur letzten Sekunde durchchoreographiert. Selbst die Ruhephasen, die er scheinbar beiläufig einstreut, sind zeitlich exakt bemessen, wirken aber nicht wie durch eine Stoppuhr vorgegeben, sondern von einem gesunden Atem getragen. Der Ablauf einer jeden Unterrichtsstunde ist so stark von Kraft und Bewusstsein durchdrungen, dass sich alles wie in einem gesunden Organismus ineinanderfügt. Über genau 35 Minuten, zuzüglich zweimal fünf Minuten Umkleiden, erstreckt sich die Meersmannsche Choreographie – keine Sekunde mehr, keine weniger.

Ebenso bemerkenswert ist die Begeisterung die Dirk Meersmann in seinen Unterricht hineinfeuert. Sein Astralleib tanzt, sprüht, wirbelt um die Schüler herum, wovon insbesondere die Langsamen und im Erfassen von

Wahrnehmungen Schwachen profitieren. Denn nach dem Pädagogischen Gesetz bringt der Meersmannsche Astralwirbel die Ätherleiber dieser Schüler/Innen in Bewegung und öffnet die Tore der Sinne für die Welt der Eurythmie. Für viele Schüler hat sich eine ihre Entwicklung fördernde Wahrnehmungsfähigkeit erst durch die Eurythmie ergeben.

Was dieser Eurythmist in der Unterstufe an astralischem Feuer versprüht, um unter anderem die Sinne zu öffnen, leistet er in der Oberstufe für die seelische Entwicklung der Jugendlichen. Indem Eurythmie als Ideal vorgelebt wird, regt er die Ich-Entwicklung der Schüler/Innen so weit an, dass sie dieses Fach auch noch Jahre nach dem Schulabschluss mit ihrer persönlichen Entwicklung eng verknüpft sehen.

Der Unterricht erweckt den Eindruck vollkommener Erfülltheit und der Sinnhaftigkeit jeder Bewegung, Geste, jeden Wortes und jeden Klangs (Klavierbegleitung durch Robert Bosman). Die Schüler/Innen steigen in einen Fluss, spüren seine wogende Kraft, werden von ihm aber nicht fortgerissen, sondern angeregt, sich aus eigenen Impulsen anzuschließen.

Ich habe mich anfangs gefragt, ob dieser Eurythmist total genial ist und seinen Unterricht aus dem scheinbaren Nichts, oder besser: aus dem Weltenäther und aus der Weltenastralität, hervorzaubert, oder ob er alles in unendlich mühevoller Kleinarbeit durchkalkuliert, vorausplant und dann wie ein Uhrwerk ablaufen lässt. Letzteres ist auszuschließen, weil Dirk Meersmann den Unterricht nicht mechanisch ‚abnudelt‘, sondern auf all das angemessen reagiert, was unsere Schüler/Innen an Unvorhersehbarem seinem Wirken entgegenbringen.

Kurzum! In ihm verbindet sich beides: Harte, stundenlange Vor- und Nacharbeit, insbesondere das Einbeziehen von Schüler/Innen-Verhaltens-Originalitäten in das eigene vorausgeplante Reaktionsmuster und eine Intuition, die sich aus der intensiven Beschäftigung mit den Biographien unserer Schüler/innen ergibt.

Hier ein Beispiel für Dirk Meersmanns verblüffendes Reaktionsvermögen: E., der „beweglichste" Schüler einer fünften Klasse, benimmt sich schon beim Aufstellen wie ein Troll. Er zupft an seinen Mitschülern herum und äfft gleichzeitig Herrn Meersmann nach.

„Gut, E.!", ruft dieser. „Wenn du noch ein wenig übst, kannst du den Unterricht übernehmen." E. verhält sich schlagartig ruhig, denn er stellt sich vor, wie das wohl funktionieren soll, wenn er den Unterricht gestaltet. Damit beschäftigt er sich aber nicht lange. Bei der ersten Übung, dem Seitgalopp, äfft er Herrn Meersmann nach, sobald dieser seinen Blick von E. abwendet. Der Eurythmist ahnt, was sich „hinter seinem Rücken" abspielt, wendet sich blitzschnell nach E. um und meint: „Das war ein toller Scherz, E. Wenn du do weiter machst, darfst mir den Scherz nach dem Unterricht in der Hofpause noch einmal vormachen." E. lehnt dankend ab und arbeitet für den Rest der Stunde so gut mit, wie es sein Konzentrationsvermögen zulässt. Nach der Eurythmiestunde sehe ich E. auf dem Schulhof den Seitgalopp üben. „Macht's Spaß?", frage ich. Der Schüler antwortet: „Eurythmie ist voll geil." Das leuchtet auch mir ein, und ich entferne mich.

In einer Übstunde wollte ich die Fertigkeiten der Kinder in der Freihandgeometrie vertiefen. „Können wir vielleicht den Siebenerstern üben?", scholl es mir entgegen. Ich ahnte zwar, was sich hinter dieser Frage verbarg, stellte mich aber dumm: „Warum denn ausgerechnet den Siebenerstern? Ich würde erst einmal beim Fünferstern beginnen." – „Wir wollten es einfach mal probieren", riefen meine Lieben im Chor. – „Steckt vielleicht Herr Meersmann dahinter?" – Die Mutigste meldete sich: „Klar doch. Bis zur nächsten Stunde sollen wir ihn alle an die Tafel zeichnen können." – „Seid ihr ihn schon in der Eurythmie gelaufen?" – „Und wie!", tönte mir der Klassenchor entgegen. Ich nickte zufrieden und meinte: „Wenn ihr ihn schon gelaufen seid, dann wird es auch mit dem Zeichnen klappen." Nach einer halben Stunde hatten ihn alle ‚auf dem Schirm'. In der nächsten Eurythmiestunde konnten sie ihn an die Tafel zeichnen, mein Kollege war zufrieden, und ich freute mich über die gute Verkoppelung von Eurythmie und Geometrie.

Jede „Mersi-Stunde", wie die Schüler/Innen den Unterricht liebevoll betiteln, ist von einem großen Spannungsbogen getragen. Er beginnt mit dem Element der Andacht, geht zu ‚geführten Aushäusigkeiten' über und mündet dann in eine Phase der höchsten Konzentration ein, um am Ende wieder locker zu werden. Dabei lernen die Schüler in jeder Stunde etwas Neues. Sie haben das Gefühl, sich zu entwickeln und durch die Eurythmie Fähigkeiten zu erlangen, die sowohl lebenspraktisch wie auch im Unterricht eine sinnhafte Weiterverwendung finden.

Dadurch hat Eurythmie an der Christian- Morgenstern-Schule einen hohen Stellenwert. So ergab eine Schüler/Innen-Umfrage aus dem Jahre 2000, dass dieses Fach in der Beliebtheitsskala neben dem Sport ganz oben stand. In der Tat erscheinen die Schüler/Innen aus eigenem Antrieb pünktlich zur Eurythmiestunde, gleich ob ihr Meister sie vom ersten Obergeschoss aus beobachtet und durch aufmunternde Gesten zum rechtzeitigen Erscheinen animiert, oder ob er schon an der Eingangstür zum Umkleideraum auf sie wartet.

‚Eurythmie ist cool, weil der Lehrer viel verlangt und gerecht ist', ‚entschuldigen' die Schüler/Innen ihr freudiges Mitwirken im Eurythmie-Unterricht.

Wie es Magdalena Brzozowksa-Majorek im „Kompendium der Heilpädagogik" als Postulat für unsere Schulen formuliert, hat Dirk Meersmann in seine Arbeit viele Elemente der Heilpädagogik hineinverwoben. So werden den Kindern der ersten Jahrgangsstufen jene Übungen, die ihre Willenssinne schulen, in bildhafter und phantasievoller Weise einverleibt. Sie bilden von der dritten bis zur zwölften Jahrgangsstufe eine solide Grundlage für die eurythmische Arbeit. Denn nur Schüler, deren Willenssinne hinreichend geschult sind, können in jener Weise kreativ werden, wie es in der hier veröffentlichten Arbeit beschrieben wird.

Wie aber gelingt es Dirk Meersmann, selbst die in der Wahrnehmung und damit auch in der Nachahmung schwachen Schüler/Innen an die Eurythmie heranzuführen? Es sind neben der guten, den Ätherleib der Kinder stärkenden Struktur des Unterrichts zahllose speziell heilpädagogische Übungen – wie der „Moossteinchen-Sitz":

Wenn Dirk Meersmann in den unteren Jahrgangsstufen merkt, dass die „schwachen" Kinder in der Konzentration nachlassen, ruft er „Moossteinchen", und alle hocken sich in einer Reihe auf den Boden, kreuzen ihre Beine übereinander und halten mit den Händen – ebenfalls über Kreuz – die Füße fest. Ruft der Eurythmist schließlich „Kugel", dann neigen die Kinder ihren Kopf so weit herunter, dass ihre Stirnen die Zehenspitzen berühren.

Damit haben sie zum einen ihre Extremitäten zweimal überkreuzt. Sie sind also ganz bei sich. Zum anderen wird durch die Berührung der Stirn mit den Zehen der obere Mensch mit dem unteren ‚kurzgeschlossen', bzw. das analytische mit dem synthetischen System verbunden. Wir finden dieses Prinzip abgewandelt in der Unterrichtsreihe für die Drittklässler in der Vorübung des Ein- und Auseinanderrollens wieder. Hier wird die Resonanz angeregt, um die Schüler für die im Hauptteil der Stunde geplanten Impulse empfänglich zu machen.

Das ist nur eine der vielen heilpädagogischen Übungen dieses Eurythmisten. In jeder Unterrichtsreihe treten nämlich neue hinzu. Der „Moossteinchensitz" und andere Übungen werden also immer wieder variiert und metamorphosiert, damit sie einen gelungenen Einstieg in den Unterricht gewährleisten. So dürfen die Kinder ihre Geschlossenheit im „Moossteinchensitz" nie auskosten. Denn sobald die ersten vollends in ihm ruhen, wird das erste Kind schon wieder aufgefordert, eine Übung nachzuahmen, die der Eurythmist blitzschnell vormacht. Das animiert auch die Anderen, sich zu melden und damit aus der vermeintlichen Untätigkeit erlöst zu werden.

Ein anderes Element, das mich zutiefst fasziniert, ist Dirk Meersmanns Umgehen mit den drei Ebenen der Raumlage. Was bei Karl König in der „Heilpädagogischen Diagnostik" (S. 52-65) aus einer reichen Erfahrung dargelegt wird, konnte ich in Dirk Meersmanns Eurythmie-Unterricht praktisch umgesetzt erleben. Eine jede Stunde beginnt mit Übungen, die der Bewegung in den drei Raumlage-Ebenen gewidmet sind: Springen im Oben und Unten, Ballen und Spreizen im Vorwärts und Rückwärts, der Seitgalopp im Rechts und Links bereiten in den großartigsten, kaum vorstellbaren Variationen das vor, was dann im Arbeitsteil seines Unterrichts an Erlernten aufgegriffen und vom Lehrer oder von den Schüler/Innen verwandelt wird. Blick (frontal und sagittal), Griff (horizontal und sagittal) und Tritt (frontal, horizontal und sagittal) werden auf vielfältigste Weise eingespannt, um die Sinnesreife unserer Schüler zu fördern, zu erhalten und ggf. auch nachreifen zu lassen.

Was Dirk Meersmann in der hier zitierten Masterarbeit als ‚den Sonderfall der Kreativitätsanregung' beschreibt, praktiziert er eigentlich in jeder Unterrichtsstunde. Entweder wird das kreative Schüler-/Innenverhalten vorbereitet oder aber, wenn er die Gelegenheit dazu als gegeben erachtet, ermöglicht. Dann entsteht ein weiter Raum, in dem die Schüler/Innen taktvoll und geistesgegenwärtig begleitet werden. Nur selten gelingt der Griff nicht auf Anhieb. Dann wird dieses kleine Missgeschick unter der Rubrik „wertvolle Erfahrung" verbucht und für die nächste Stunde sinnstiftend verwertet.

Dass Dirk Meersmann uns durch die nun folgende Masterarbeit Einblicke in seine Arbeit gewährt, ist ein Geschenk, das nur durch den Unterricht, den er unseren Schülern angedeihen lässt, im Wert zu überbieten ist.

Gerhard Hallen

Einleitung: Kann Eurythmie an Förderschulen (E/L) als Entdeckungsweg unterrichtet werden?

Als junger Lehrer habe ich so oft wie es mir möglich war, bei anderen Eurythmie-Kollegen hospitiert, um die Kunst des Unterrichtens durch verschiedenste Eindrücke zusätzlich zu den pädagogischen Seminaren zu erlernen.

Dabei hatte ich das Glück, viele großartige Kollegen zu erleben. Oft habe ich aber auch gelitten, wenn das Kunstwerk Eurythmie in ein erstarrtes Regelwerk überführt wurde. Diese Kollegen hatten große Ideale und Ziele, wenn der Funke aber nicht übersprang, versuchten sie, die Schüler zu ändern und nicht mit der Eurythmie auf den Entwicklungsstand und die Bedürfnisse der Klassen einzugehen. Die Schüler waren frustriert, sie fanden die Eurythmie langweilig und überflüssig. Schließlich versuchten sie, den Unterricht zu boykottieren oder passiven Widerstand zu leisten.

So sah ich mich vor folgende Grundfrage gestellt: Erziehe ich nach Regelbefolgung, oder versuche ich, kreatives Weiterentwickeln der Eurythmieelemente zu veranlagen? Die Bedingung war, dass jede Stunde für die Klasse neu, der Inhalt jedoch gleich sein sollte. –

Warum mehrmals ein gleicher Inhalt? Nur durch die Wiederholung von Bewegungsabläufen können diese als Fertigkeit angeeignet werden. Niemand kann nach der ersten Tanzstunde sicher tanzen. Vera F. Birkenbihl[1] hat dies treffend auf den Punkt gebracht: „**Wissen** wird durch **Lernen** erworben, **Verhaltensweisen** hingegen durch **Training**!"

---

[1] George Leonard: *Der längere Atem,* zwei Tonkassetten, Begleitbroschüre, 1998, Vorwort zur Neuauflage von Vera F. Birkenbihl S. 13.

p.s.: Im Hauptteil wird auf die geschlechtsspezifische Verwendung der Nomen zugunsten der männlichen Form verzichtet.

Ich sah meinen Weg darin, die von mir entwickelten oder übernommenen Eurythmieübungen
- größtmöglich zu vereinfachen,
- sie im Laufe der Unterrichtsstunden zu erweitern
- und dann zu variieren.

Bei der Anwendung dieser Abfolge blieben die Schüler am Unterricht interessiert und lernten, ohne es direkt zu bemerken (implizites Lernen). Mit der Zeit erkannte ich, dass die Schüler selbst aktiv wurden, wenn sie etliche Variationen einer Sache geübt hatten und eigene Varianten erfanden (Transfer/Kreativität).

Das war jedoch der Anfang, aber noch nicht das, was eigentlich erreicht werden sollten. Vor ungefähr zehn Jahren demonstrierte mir ein Schüler, der gut im Eurythmieunterricht mitarbeitete, ein eurythmisches „Schubladen-M", indem er die Hände mechanisch mehrmals gegeneinander bewegte und dazu sagte: „Das ist Eurythmie".

Ich war schockiert, dass eine derart unkünstlerische Bewegung bei ihm das „Markenzeichen" für mein Unterrichtsfach geworden war und begann meinen Unterricht in der dritten Jahrgangsstufe stark in Frage zu stellen. Dort führte ich nämlich die Gebärden der eurythmischen Laute ein.

Damals hatte ich zur Einführung des M in der Regel ein Gedicht von Hedwig Diestel genommen: „Das M bemisst mir Maß um Maß...". Zu diesem Text hatte ich ein bis zwei verschiedene Möglichkeiten der Gestaltung mit den Schülern gemeinsam erarbeitet.

Wenn die Kinder dann lernten, ihren Namen eurythmisch zu lautieren, hatte jeder Laut aber nur eine Grundgebärde. Die Methodik war zwar offen für die Kreativität der Schüler, mein künstlerischer Ansatz fußte aber auf einer „Wörterbuch-Eurythmie". Er war schematisch und damit das Gegenteil von Kunst.

Bei der Suche nach einem wahren künstlerischen Ansatz stieß ich auf einen Beitrag von Vera F. Birkenbihl, in dem sie ein Rechtschreib-Detektiv-Spiel vorstellte[2].

Darauf Bezug nehmend, begann ich in der nächsten dritten Klasse ein eurythmisches Detektiv-Spiel: Ich gab z.b. eine „normale" B-Gebärde vor und ließ die Kinder entdecken, wo man mit Hilfe anderer Körperregionen ebenfalls ein B machen könne.

Am Anfang gab ich Hilfen, indem ich mit den Zeigefingern gestaltete; dies reichte als Anreiz, damit einzelne Schüler auf die Idee kamen, die anderen Finger zu benutzen. Dann leitete ich die Aufmerksamkeit auf alle anderen möglichen Körperregionen.

So hatte ich die Kinder vielfältige Möglichkeiten zur Gestaltung jedes Konsonanten entdecken lassen. Jede Stunde arbeitete ich nur mit höchstens zwei Konsonanten. Bei den ersten Lauten waren noch Hilfestellungen für das Einbeziehen der Raumlage-Ebenen notwendig. Ich lenkte die Aufmerksamkeit der Schüler auf vorne, hinten, oben, unten, links und rechts (Horizontal-, Sagittal-, Frontalebene, vgl. dazu das Vorwort). Also arbeiteten wir mit Ober- und Unterarm, den Händen und den einzelnen Fingern. Es folgten das rechte und das linke Bein, die Oberschenkel, Unterschenkel, Füße und beide Beine zusammen. Letzteres war das größte Rätsel:

„Geht das?" Eine Schülerin fand die Lösung, indem sie sich auf den Rücken legte, so dass beide Beine frei waren. Ich ließ auch die Brustregion, den Rücken, den Kopf und den Mund ‚lautieren'. Zur Veranschaulichung dessen, was getan wurde, folgen hier die M-Variationen mit beiden Händen:

- Beide Hände gemeinsam nach vorne, nach hinten, nach unten, nach oben, zu beiden Seiten nach außen, zueinander nach innen, nach oben und nach unten.

---

[2] Birkenbihl, Vera F.: *Trotzdem Lehren*, Offenbach 2004, S. 120/121.

Je nachdem, ob die Finger der senkrecht gehaltenen Hand nach oben oder nach unten zeigen, ergeben sich weitere vielfältige Möglichkeiten. Dann nach unten, bis die Handflächen fast den Boden erreichen, und zurück nach oben, bis alle auf den Fußballen stehen.

So ergeben sich für die Kinder vielfältigste Gestaltungsmöglichkeiten, aus denen sie dann bei entsprechenden Gelegenheiten etwas ihnen Gemäßes auswählen können – wie zum Beispiel ihren Namen eurythmisch zu gestalten.

Für die hier dargestellten Unterrichtsreihen in den Jahrgangsstufen drei/vier und neun (Förderschule E und L) stellte ich mir folgende Aufgabe: Ist es möglich, die Schüler dieses Alters innerhalb der Unterrichtsreihen je ein ausgewähltes Eurythmie-Element methodisch immer wieder so abwandeln zu lassen, dass nicht allein einzelne Schüler kreativ werden, sondern die gesamte Klasse in den Prozess einsteigt?

Die Unterrichtsreihe mit Klasse 3

Menschenkundliches zur dritten Jahrgangsstufe
In allen ‚meinen' dritten Klassen, die ich in den vergangenen 30 Jahren unterrichtete, zeigten die Schüler ein gegenüber den ersten zwei Schuljahren entschieden anderes Verhalten. Die Kinder waren kritischer, neugieriger, hinterfragten die bisher als selbstverständlich aufgenommene Unterrichtsinhalte und beobachteten auch mich als Lehrer in dieser neuen Weise (Rubikon/ Ich-Einschlag auf der Gefühlsebene). Mal kam dieses neue Gefühl direkt nach den großen Ferien zur Erscheinung, mal etwas später. Mal ergriff die neue Atmosphäre sofort die ganze Klasse, manchmal preschten Kinder vor und andere änderten sich später, aber es geschah immer.[3]
Dieser Wandel sollte in der hier beschriebenen Unterrichtsreihe pädagogisch aufgegriffen werden, indem die Kinder nicht mehr die Eurythmie nur nachahmten, sondern die Bedeutung der einzelnen Lautbewegungen kennen und ausführen lernten. Diese Vermittlung sollte nicht „wörterbuchmäßig" geschehen, sondern kreativ lebendig, weil damit eine Methode gegeben wurde, die neue Lernfreude weckte und die Lernimpulse nachhaltig stärkte.

Die Situation der Klasse und ihre Vorbereitung auf die Unterrichtsreihe „kreative Lautgebärden"
Die Schüler hatten seit der ersten Klasse bei mir Eurythmie. Die Klasse bestand aus vier Mädchen und sechs Jungen. In den ersten zwei Jahren wurden die Kinder, wie in unserer Schule üblich, von der Klassenlehrerin während aller Fachstunden, also auch in der Eurythmie, begleitet. Es gab drei Kinder mit Lernproblemen, die anderen waren emotional

---

[3] Steiner, Rudolf: *Der pädagogische Wert der Menschenerkenntnis und der Kulturwert der Pädagogik,* GA 310, 3. Aufl., Dornach 1965, Vortrag v. 20.7.1924.

auffällig. Von Anfang an waren alle Schüler gerne zum Eurythmieunterricht gekommen und hatten schnell gelernt, die eurythmischen Unterrichtsinhalte nachzuahmen.

Um der neuen Entwicklung der Kinder in der dritten Klasse gerecht zu werden, hatte ich am Beginn dieses Schuljahres in der Mitte der Unterrichtsstunden ein Suchspiel (Rätsel) angelegt. Ich machte einen Laut wie das „B" mit meinen Armen vor und ließ die Kinder dann suchen, mit welchen Körperteilen sie diesen Laut ebenfalls machen könnten. Am Anfang half ich etwas, indem ich auf ein Bein zeigte oder, wenn jemand nur die Hand nahm, die Anregung gab, dass alle Finger, auch einzeln, benutzt werden könnten. Daraufhin wurden die Finger einzeln eingesetzt, dann zwei, drei und vier Finger in immer neuen Variationen.

So lernten die Kinder im Laufe der Zeit immer besser ihren Körper kennen und benutzten alle möglichen Körperteile, um das O zu formen. Sehr beliebt war es, nur den Kopf zu benutzen. Dadurch, dass jede Idee von mir aufgegriffen wurde, waren alle nach kurzer Zeit mit Feuereifer dabei, eigene Einfälle zu zeigen und diese dann mit der ganzen Klasse zu üben.

Jede Stunde wurden ein bis zwei neue Laute geübt. Ab Januar wurden dann zum ersten Mal die Namen der Kinder lautiert. Zuerst auf die herkömmliche Art und Weise, dann kreativ. Die bis dahin erworbene Fähigkeit, ein oder zwei Laute hervorzubringen, jetzt auf mehr oder minder lange Namen zu erweitern, war für alle eine große Herausforderung. Außerdem waren sie nicht daran gewöhnt, etwas nicht Vorgegebenes selbst zu entwickeln,

So half ich den Schülern immer mit leichten Bewegungsandeutungen oder mündlichen Hinweisen. Jede Stunde durften zwei Schüler ihren Namen eurythmisch gestalten, obwohl alle gern an die Reihe gekommen wären. Da durch meine diskreten Hilfen jeder Name gelang, blieb die große Begeisterung bestehen.

Nach fünf Stunden waren alle Namen lautiert und jeder in der

Klasse hatte ein erstes Gefühl für die richtige Abfolge der Laute in seinem Namen bekommen. Dann begann die hier zu besprechende Unterrichtsreihe, die auf sechs Unterrichtsstunden zu jeweils 45 Minuten bemessen war.

Geplanter zeitlicher und inhaltlicher Aufbau der Stunden:
- 1 Min. Eintreffen der Kinder im Umkleideraum
- 3 Min. Umziehen
- 1 Min. Hereinführen der Klasse in den Eurythmiesaal
- 2 Min. Anfangsspruch
- 1 Min. Eurythmisches Bewegen von Kleiner und Großer Terz
- 3 Min. „Ballen und Spreizen" am Platz und dann zum Kreismittelpunkt und zurück
- 6 Min. Die ganze Klasse läuft eine große Acht mit Kreuzen am Mittelpunkt
- 15 Min. ABC und Namen lautieren
- 7 Min. Seitgalopp (Kleiner Kiebitz) und Hüpfvariationen
- 2 Min. Schlussminute und Hinausgehen in die Umkleide
- 4 Min. Umziehen und auf den Schulhof entlassen

Das Hauptlernziel der Reihe:
Die Schüler sollen das eurythmische Alphabet im Rahmen ihrer altersgemäßen Möglichkeiten kreativ handhaben lernen und so ihre jeweiligen Namen nach ihren eigenen Ideen eurythmisch gestalten können.

Planung und Durchführung der ersten Stunde
Für die erste Stunde plane ich, erstmals das gesamte Alphabet durchzulautieren. Die Schüler sind mit den eurythmischen Bewegungen zu allen Lauten vertraut, habe sie aber noch nicht in der Reihenfolge des ABCs kennengelernt.
Anschließend möchte ich einen Teil des ABCs einmal urbildhaft lautieren, dann, als erste Variation, nur in der zum

17

Erdboden parallelen Ebene, die durch die Höhe der Schultern bestimmt wird. Danach soll ein anderer Teil hinter dem Rücken dargestellt werden. Anschließend werde ich zwei Kinder aussuchen, die von sich aus freiwillig ihren Namen auf eigene Art eurythmisch lautieren wollen.

Der Verlauf:

Zu Stundenbeginn stürmten die Schüler vom Schulhof herbei. Ich ließ sie vor der Außentür etwas warten, bis alle eingetroffen waren, dann stürmten sie in den Umkleideraum, holten ihre Kittel und Schuhe aus dem Schrank, setzten sich auf die Bank und zogen sich um. Die ersten Schüler öffneten die Saaltür und stellten sich auf, die Mädchen vom Saal aus gesehen links und die Jungen rechts. Dann traten sie im Reißverschlussverfahren in den Saal. Ich ließ heute ein Mädchen anführen, die sich viel schneller als sonst umgezogen hatte. Der Pianist spielte dazu eine ruhige, leicht bewegte Melodie.

Ich begann mit einem Anfangsspruch, den ich eurythmisch gestaltete und den die Schüler sofort mitmachten. Die Kinder konzentrierten sich auf die Gebärden, kamen so zur Ruhe und vergaßen das Pausengeschehen. Der Spruch lautete:

„Es brüllt der Stier / Es bellt der Hund / Es spricht der Mensch mit seinem Mund / Gott tut sich in der Stille kund." (M. Tittmann)

Dann übte ich die kleine und große Terz mit der Klasse. Ich sagte: „Wir holen uns Wärme" und machte dann die zum Brustbereich sich bewegende Gebärde der kleinen Terz. Dann: „Und jetzt senden wir Licht in die Welt zu allen Menschen, die es brauchen." Dazu kam die Gebärde der großen Terz, bei der die Bewegung wie Wellen durch den Arm nach außen gehen. Dies wiederholte ich mit etwas anderen Worten noch zwei Mal.

Es folgte die Übung „Ballen und Spreizen" mit verschiedenen Variationen. Zuerst breitete ich meine Arme zur Seite aus, nickte dem Pianisten zu und begann an den Fingerspitzen die Arme bis vor das Brustbein einzurollen. Dazu improvisierte der Spieler eine „einwickelnde" Melodie. Alle machten mit. Mit entsprechend gegensätzlicher, also „auswickelnder" Musik machte ich die Gegenbewegung bis zur Streckung der Arme. Dann nahm ich die Arme ganz senkrecht nach oben, ging auf die Zehenspitzen, begann wieder an den Fingerspitzen einzurollen und rollte dann den ganzen Körper ein, bis ich fast eine Kugel war. Dann begann das Wiederaufrichten bis zur Streckung. Dazu spielte der Pianist stets entsprechend. Beim zweiten Mal behielt ich im „eingerollten Zustand" den Kopf oben, um die Kinder zu beobachten, und bat dann die drei Kinder, die sich nicht ganz eingerollt hatten, auch mit der Stirn den Boden zu berühren. Nachdem sie es gemacht hatten, richteten wir uns mit der Musik wieder auf.

Danach ging ich einen Schritt nach außen, ging auf die Ballen und streckte die Arme schräg nach oben. Die Kinder taten es mir nach. Danach gingen wir mit Musik alle in den Kreis, wurden mit jedem Schritt kleiner, rollten die Arme ein und landeten als „Kugelkörper" auf dem Boden. Dann gingen alle wieder nach außen und wurden mit der aufsteigenden Musik bei jedem Schritt etwas größer und gestreckter. Als wir wieder am Ausgangspunkt waren, ließ ich die Kinder allein hineingehen. Bis auf zwei Kindern gelang allen das „Immer-Kleiner-Werden" beim Hinweg. Der Rückweg bereitete größere Schwierigkeiten. Sechs Schüler richteten sich schnell auf und gingen dann fast aufrecht auf ihren Ausgangspunkt zurück. Um die Motivation hoch zu halten, ging ich aber nicht darauf ein und wandte mich der nächsten Aufgabe zu.

Ich platzierte einen Holzkorb in die Mitte des Raumes und stellte die Kinder mit den roten und gelben Kitteln auf die eine Seite hinter den Korb und die Schüler mit den blauen und grünen Kitteln auf die andere hintere Seite. Die Klasse sollte zum ersten Mal im Raum eine Acht mit Kreuzungsbegegnungen laufen. Ohne dieses Ziel mündlich vorwegzunehmen, erklärte ich den Schülern, dass die rote Seite beginnen sollte und dass jeder Schüler einer Seite immer nur ein Kind der anderen Seite vorlassen sollte. Der erste Rote hatte dem letzten Grünen zu folgen, der erste Blaue dem letzten Gelben.

Dann begann die Musik langsam zu spielen, und ich gab den Schülern mit meiner Hand die Einsätze und ihre Wegrichtung. Beim ersten Durchgang ging es erstaunlich gut, nur zwei Schüler blieben stehen, nachdem sie einen anderen vorgelassen hatten, und eine Schülerin versuchte, dem Jungen vor ihr sofort zu folgen, ohne dass Kind der anderen Reihe vorzulassen. Durch den in der Mitte platzierten Holzkorb „wanderte" der Kreuzungspunkt nicht woanders hin.

Beim zweiten und letzten Durchgang waren alle ein klein wenig sicherer, allerdings versuchten jetzt zwei Kinder zu früh durch den Mittelpunkt zu gehen und vergaßen dabei, ihr Gegenüber vorzulassen. Nun ließ ich den Holzkorb fortschaffen und brachte die Klasse wieder in den großen Kreis.

Der Impuls der Unterrichtsreihe:

Nun lautierte ich mit den Schülern gemeinsam das ganze ABC im Stehen durch. Hierbei nahm ich klare, klassische, große und eindeutige Bewegungen. Um die Aufmerksamkeit der Kinder zu erhalten, sagte ich am Anfang nur: „Jetzt machen wir das längste Wort der Welt". Die wachen Schüler merkten ziemlich schnell, um was es sich handelte, meldeten sich zwischendurch, aber ich schloss die Reihe erst ab und ließ dann die Schüler berichten, was wir gemacht hatten.

Dann kam die erste Variation. Ich lautierte mit den Schülern das ganze ABC nur in einer Ebene in Schulterhöhe. Wie vorher sprach ich immer zur Eindeutigkeit den jeweiligen Laut mit. Danach kam der letzte Durchgang, in welchem wir alle Laute hinter dem Rücken gestalteten.

Jetzt fragte ich, wer von den Kindern heute seinen Namen auf eigene Weise eurythmisieren wolle. Sofort meldeten sich Tim und Celina, dann noch einige andere. Ich ließ die Klasse sich setzen, Tim blieb stehen und lautierte als erster seinen Namen. Er machte ein T auf seinem Brustbein, wobei er langsam von außen mit den Armen ausholte und am Schluss beschleunigte. Beim I beugte er den Oberkörper etwas vor, legte die Oberarme etwas an den Körper, dann streckte er den linken Unterarm nach vorn und den rechten Arm nach hinten. Durch die Beugung konnte er den Arm strecken, obwohl der obere Teil am Körper anlag. Seine Handflächen wiesen nach innen. Dann drehte er seine vordere Handfläche nach unten, die hintere nach vorne, begann mit den Armen eine M-Bewegung und richtete sich dabei auf. Nach drei seitlichen Ms beendete er seine Übung. Er hatte, bis auf das Anfangs-T, eigene, vollkommen neuartige Gebärden gefunden.

Tim setzte sich, Celina stand auf und begann, da Eurythmie nach dem Sprachklang und nicht nach der Schreibweise bewegt wird, mit einem S, indem sie nur den rechten Arm mit der entsprechenden Bewegung nach unten bewegte. Dann kreuzte der rechte Fuß vor den linken als E, und das rechte Bein machte über vorne nach außen einen L-Weg. Danach streckte sich der rechte Zeigefinger zu einem I, es folgte ein Sprung auf dem linken Bein, bei dem sie das rechte Knie hochhob und als Abschluss ihre geraden Unterarme an den Fingern so berühren ließ, dass ein nach unten offener Winkel entstand. Sie hatte aus den Stunden vorher selbständig verschiedenste Elemente auf neue Weise kombiniert.

Die ganze Klasse erhob sich wieder und stellte sich in den Kreis. Celina und Tim standen viel selbstbewusster da und strahlten mit ihren Gesichtern, während sie beim Lautieren ihrer Namen noch sehr konzentriert, aber auch angestrengt agiert hatten.

Zur Auflockerung nach dem langen Sitzen begann ich jetzt mit dem Seitgalopp nach rechts und ließ die Kinder mit einem halben Kreis Abstand mir folgen. Dann ging es in die andere Richtung. Beim zweiten Mal nach rechts sprang ich besonders hoch und ließ dies von allen Schülern nachmachen. Nach links fiel dies etlichen schwerer, da die meisten Rechtshänder waren. Dann gab es je eine Runde hüpfen nach rechts und links. Hierbei war sichtbar, wie das Hüpfen die Schüler lockerte und dabei Freude aufkam. Beim Hüpfen lasse ich immer den Fuß vom freien Bein an das Knie vom „Hüpfbein" senkrecht anlegen. So werden die Oberschenkelmuskeln gestärkt und geschmeidig gehalten. Als Abschluss hüpften wir bei jedem ‚Hüpfer' eine besonders lange Strecke.

Dann stellten sich alle zur Schlussminute auf. Die Schüler blieben dabei, wie immer, ruhig stehen. Danach spielte der Pianist, ich verabschiedete der Gewohnheit gemäß jeden Schüler einzeln mit Hand und Namensnennung, alle zogen sich schnell um und gingen in die Pause.

Planung und Durchführung der zweiten Stunde

In der zweiten Stunde will ich – wie in der ersten und auch in den folgenden Stunden dieser Reihe – mit der normalen Lautierung des Alphabets angefangen. Dann soll die erste Variation folgen. Dazu werden sich die Kinder auf den Boden setzen, ihre Beine schräg nach vorne hoch strecken und die Laute mit den Beinen darstellen. Im Anschluss daran sollen sich alle Kinder wieder hinstellen und die nächsten Laute mit den Händen und den Fingern ausführen. Danach werde ich wieder versuchen, die Kinder anzuregen sich selbst Möglichkeiten auszudenken, wie sie ihren Namen eurythmisch darstellen können. Zwei Freiwillige dürfen dann ihre Idee vorführen.

Der Verlauf:

Alle betraten zur Musik den Saal, bildeten einen großen Kreis, um den Anfangsspruch zu sprechen. Heute begann ich ihn stumm, sprach beim zweiten Mal dazu die Worte, ließ danach die Schüler allein ihre Arme bewegen und machte beim vierten Mal wieder mit.

Bei den Terzen ließ ich die Schüler allein anfangen, wodurch einige unsicher wurden, andere es ohne Hilfe erinnerten. Danach machte ich wieder mit. Jetzt bewegte die Klasse sich viel intensiver als in der letzten Stunde.

Beim Ballen und Spreizen wiederholte ich die Reihenfolge der letzten Stunde. Dadurch wurden die schwachen Kinder sicherer und wirkten intensiver mit.

Zum Laufen der Acht ließ ich wieder den Holzkorb an die seitliche Mitte stellen. Schräg dahinter stellten sich die zwei Gruppen auf. Um die zu laufende Acht größer zu machen, stellte ich auch je einen Stuhl an die Enden der Form. In den Gruppen sollten jetzt die Beteiligten ca. einen Meter Abstand voneinander halten. Nach dem ersten Durchgang standen jedoch alle wieder dicht hintereinander. Es war zu anstrengend, beim Kreuzen nicht sofort dem Vordermann zu folgen, dass auf den Abstand noch nicht geachtet werden konnte. Dies änderte sich auch nicht bei den folgenden zwei Durchgängen.

Der Impuls der Unterrichtsreihe:

Dann begann ich, jeden Laut des Alphabets zu bewegen. Alle konnten es sichtbar und kraftvoll nachahmen. Anschließend setzte ich mich auf den Boden, legte mich nach hinten auf die Unterarme und hob beide Beine im Winkel von etwa 50° an. Dann lautierte ich das ganze ABC mit den Beinen. Die Schüler machten mit und lachten oft dabei.

Wenn einige ihre Beine entlasten mussten, wurde ich etwas langsamer, so dass auch diese Schüler mitkommen konnten. Dann standen wir alle auf und ich lautierte das ABC mit den Händen und den Fingern. Dabei wurden die meisten Schüler frisch und munter. Die fröhliche Stimmung blieb erhalten. Ich ließ die Schüler sich wieder hinsetzen und fragte, wer heute seinen Namen lautieren wolle. Alle meldeten sich, auch die ‚zwei von letzter Stunde'.

Ich ließ Angelina aufstehen. Sie begann ihren Namen, indem sie mit ihren Füßen in ein A sprang. Zum N stellte sie die Füße zusammen und hob schnell das linke Knie bis auf Hüfthöhe. Das G (Dsch) machte sie vorne mit ihrem rechten Fuß, das E mit Zeige- und Mittelfinger der linken Hand. Für das L beugte sie ihren Oberkörper fast bis auf Hüfthöhe und machte die Bewegung unter und vor ihrem Körper parallel zum Erdboden. Für das I streckte sie den rechten Arm senkrecht nach oben und winkelte ihr linkes Knie an. In dieser Stellung, mit heruntergenommenem rechten Arm, hüpfte sie das N und sprang mit den Beinen und den etwas nach unten gewinkelten Armen in das A.

Angelina wiederholte ihren Namen in gleicher Weise und strahlte. Sie hatte aus verschiedenen Stunden mit dem Suchspiel (Rätsel) die Bewegungen zu ihrem Namen ohne Hilfe komponiert und hatte beim I eine Gebärde gefunden, die von ihr selbst stammte.

Anschließend suchte ich Maurice aus. Er stand freudig auf, spannte dann aber seine Lippen an. Beim M streckte er die Arme in einem Winkel von ca. 90° nach unten und bewegte seine Handflächen aufeinander zu, bis die Arme parallel waren. Beim O legte er Daumen und Zeigefinger der rechten Hand zu einem Kreis in Augenhöhe zusammen. Beim R breitete er seine Arme aus, nahm etwas Schwung und drehte sich einmal komplett um seine Achse, während die Hände die Bewegung führten. Zum I hob er die rechte Hand in Mundhöhe, beugte Zeige-, Mittel- und Ringfinger, legte den Daumen davor und streckte den kleinen Finger nach oben. Dann machte er für den letzten Laut eine S-Bewegung mit dem rechten Fuß dicht über dem Erdboden, begann dabei über vorne, ging nach hinten und endete mit der großen Zehe auf dem linken vorderen Fuß. Auch er konnte diese Abfolge ein weiteres Mal wiederholen. Dann lächelte er erleichtert, war allerdings noch ein wenig angespannt. Auch Maurice hatte Gebärden aus vielen Suchspielen eigenständig zusammengesetzt.

Beim anschließenden Seitgalopp ließ ich diesmal die Kinder sofort folgen und machte dabei zwei Durchgänge nach rechts – ohne Pause. Nach links dasselbe nur einmal, da alle sehr laut wurden. Dann begann ich nach rechts ‚normal' zu hüpfen und ließ die Schüler mit einem halben Kreis Abstand folgen. Als letzte Variation ließ ich alle so hoch hüpfen, wie sie konnten.

Bei der Schlussminute waren alle still. Nach dem Verabschieden zogen sie sich um und gingen hinaus.

Planung und Durchführung der dritten Stunde

In der dritten Stunde möchte ich wieder neue Varianten des Alphabets üben lassen. Als Erstes sollen alle Kinder im Stehen mit einem Bein lautieren. Bei sich anbietenden Lauten wie dem R oder dem S sollen sie sich auf ihrem Standfuß drehen, möglichst um 360°. Danach sollen sie als nächste Variation mit ihrem Rumpf und ihrem Kopf lautieren. Danach sollten ein oder zwei Kinder, die noch nicht an der Reihe waren, ihren Namen individuell alleine lautieren.

Der Verlauf:

Diesmal kam die Klasse sehr laut in den Umkleideraum. Es gab zwei verschiedene Unruheherde, drei Mädchen stritten sich und zwei Jungen schrien sich an. Ich versuchte zu beruhigen. Als dies kaum gelang, ließ ich die Klasse, wie gewohnt, im Reißverschlussverfahren in den Saal gehen und begann den Anfangsspruch ziemlich schnell zu lautieren, danach sehr langsam. Es wurde dabei etwas ruhiger, die Spannungen waren aber noch im Raum.

Bei den Terzen gab es kurze Wortwechsel zwischen den beiden Streitenden, die anderen kamen nicht richtig in das Bild der Bewegungen und machten mehr äußerlich mit.

Als beim Ballen und Spreizen alle Schüler in der Kreismitte in der „Kugelform" waren, fielen zwei Jungen um. Ich hatte in diesem Moment meinen Blick bei anderen Kindern gehabt und so nicht gesehen, wer geschubst hatte. Ich ließ die Mädchen sich setzen und die Jungen alleine nach unten in die Ballung gehen. Da sie unter Beobachtung standen, blieb alles friedlich. Um sich beim Rückweg langsam aufzurichten, fehlte den meisten die Konzentration. Als die Mädchen alleine die Übung machten und die Jungen saßen, war es bei ihnen dasselbe: Alle richteten sich zu früh auf und gingen fast aufrecht zurück. Da die Schüler immer noch innerlich so aufgeregt, bzw. abgelenkt waren und meine Hilfen nicht umsetzen konnten, ging ich zum nächsten Unterrichtsabschnitt über.

Für die große Acht im Raum ließ ich wieder den Holzkorb hinstellen und mischte die beiden Seiten neu. Auf der einen

Seite standen jetzt die Kinder in den roten und in den grünen Kitteln, auf der anderen die gelbe und die blaue Gruppe. Wieder stellte ich außen zwei Stühle hin, die von den Schülern umrundet werden mussten.

Es dauerte einige Zeit, bis die Schüler in gleichen Abständen auf den zwei Achterkreisen verteilt waren. Dann ließ ich die Klasse langsam in der Acht laufen. Am Anfang ging es erstaunlich gut. Nachdem jeder einmal durch die Mitte gegangen war, die beiden Gruppen also ihre Plätze getauscht hatten, konnten ein Großteil der Klasse die Aufmerksamkeit nicht mehr halten. Die Abstände wurden kleiner, vor der Kreuzung verlangsamten etliche. Danach beschleunigten sie ihre Schritte, um zu den Vorderen aufzuschließen. Ich ordnete drei Mal die Abstände, gab Hilfen, wann wer durchgehen sollte, und vermied jegliche Kritik, um die Unsicheren nicht noch mehr zu hemmen. Nach drei Achten ließ ich die Stühle und den Korb zurückbringen und alle in einem großen Kreis aufstellen.

Der Impuls der Unterrichtsreihe:
Langsam und sehr deutlich ging ich durch die Bewegungen des ABCs. Alle machten ohne Störungen mit. Vor allem bei den Jungen wurden die Gebärden zum großen Teil flüchtig und etwas kraftlos nachgeahmt. Jetzt wurden alle Laute mit einem Bein ausgeführt. Viele wackelten bedenklich. Als ich mich bei den Lauten R und S mit dem Bein um meine Achse drehte, und die Schüler es auch versuchten, fielen viele von ihnen hin. Um die Kinder nicht zu überfordern, verzichtete ich auf die Variationen mit Körper und Kopf. Ich versuchte, in aller Ruhe zu stehen, und ließ nach kurzer Zeit alle Schüler sich hinsetzen.

Gespannt fragte ich nun, ob denn heute jemand seinen Namen eurythmisieren wolle. Sofort gingen viele Finger hoch. Ich ließ Lara, die sich spontaner als die anderen gemeldet hatte, aufstehen und fragte sie, wie sie ihr L gestalten wolle. Sie machte eine große L-Bewegung mit ihrem linken Bein, ihr Fuß blieb dabei immer dicht über der Erde. Beim A nahm sie ihre rechte Hand und zeigte in Kopfhöhe einen nach unten offenen Winkel mit Zeige- und Mittelfinger. Dann machte sie mit ihren Händen ein in der Horizontalen im Uhrzeigersinn kreisendes R auf Magenhöhe und zum Abschluss ein A, indem sie ihr linkes Bein zur Seite nach außen mit den Zehen auf den Fußboden stellte. Sie konnte die Reihenfolge ihrer Bewegungen wiederholen, es strengte sie aber sichtbar an.

Da die Zeit schon ziemlich vorgeschritten war, ließ ich die Klasse je eine Runde nach rechts und nach links hüpfen und beendete mit der Schlussminute die Stunde. Beim Verabschieden war es lauter als sonst. Dies setzte sich auch beim Umziehen fort. Es gab aber weder hier noch auf dem Weg in die Pause irgendwelche Streitereien.

Planung und Durchführung der vierten Stunde

Auch für die vierte Stunde plane ich, das normale Alphabet in Bewegung umsetzen zu lassen, um den Schülern Sicherheit zu geben. Die erste Variation in dieser Stunde soll dann darin bestehen, dass die Schüler mit den Händen auf dem Boden lautieren, danach im Stehen – mit einem Arm nach vorne und einem nach hinten gerichtet. Auch diesmal sollen Schüler ihren Namen frei gestalten.

Der Verlauf:

Heute trafen alle wieder fröhlich ein und standen nach kürzester Zeit am Saaleingang. Dort lautierte ich zuerst mit der Klasse den Anfangsspruch, dann lautierte ich weiter:

„Gott tut sich in der Stille kund / Und Gott spricht auch aus Deinem Mund / Er bellt gar als ein kleiner Hund / Und eines sag ich Dir nun hier: Er kann auch brüllen als ein Stier"[4]. Die Schüler erkannten sofort den Zusammenhang mit ihrem Verhalten in der letzten Stunde und freuten sich. Die neue Abfolge wurde wiederholt, dann begann ich mit den Terzen.

Auch hierbei waren alle intensiv bei der Sache und ahmten die Gebärden aufmerksam nach. Ich ließ die Abfolge zwei Mal

---

[4] Der Autor von dieser ‚Weiterdichtung' ist mir nicht bekannt.

von den Schülern machen und trat dann nach hinten, um den Kreis zu weiten. Die Klasse ergriff sofort diesen Impuls.

Die erste Aufgabe beim Spreizen und Ballen war heute der große Ablauf vom gestreckten Stehen auf den Ballen bis zum Niederkauern als Kugel am Boden. Allerdings sollten alle im Stehen beginnen, ohne in den Kreis zu gehen. Als ich den Einsatz für den Klavierspieler und die Schüler gab, gingen vier Kinder aus Gewohnheit trotzdem in den Kreis. Ich brach kurz ab und sagte noch einmal die Aufgabe an.

Dieses Mal gelang die Übung: Die Abläufe waren alle richtig. Dann ließ ich die Schüler dazu in den Kreis gehen. Bis auf das neue Mädchen in der Klasse kauerten alle in einem kleinen Kreis in der Raummitte. Als das Mädchen dies bemerkte, gesellte es sich schnell zu den anderen. Beim Aufrichten und Zurückgehen schafften es drei Schüler, sich beim Rückwärtsgehen langsam aufzurichten. Dann wiederholte ich die Abfolge einmal nur mit den Mädchen und danach nur mit den Jungen. Zum Abschluss machten es alle wieder zusammen. Durch die Wiederholungen bewegten sich jetzt alle fließender und sicherer.

Dann wurde der Holzkorb für die Acht wieder aufgestellt und die Klasse stellte sich von selbst in der gewohnte Gruppierung rot/gelb und grün/blau auf. Ich ließ es dabei, stellte aber die beiden Gruppen so um, dass jeweils die gelben und die blauen Kinder vorne standen. Ich ließ die Gelben beginnen. Der Vorderste wusste, dass er den Grünen folgen musste, dem Grünen gab ich ein Zeichen in die richtige Richtung. Heute schafften es bis auf drei Schüler alle, den relativ großen Abstand zum Vorgänger zu halten. Um die Spannung zu festigen, fragte ich die Klasse, ob ich die ‚Abgrenzungs-Stühle' fortnehmen sollte. Die einhellige Antwort war „Ja!". Jetzt waren alle so aufmerksam, dass sie die Abstände einhalten konnten.

Der Impuls der Unterrichtsreihe:
Anschließend fing ich mit dem normalen ABC an. Ich bewegte jeden Laut weiträumig. Alle machten gespannt mit,

denn sie fragten sich, wer heute an der Reihe sein werde. Danach machte ich zur Überraschung aller das ABC mit meinen Händen auf dem Teppich. Die dritte Variation war dann wieder im Stehen, diesmal mit einem Arm vor dem Körper und einem Arm dahinter. Jetzt ließ ich alle sich hinsetzen und stellte die Frage nach Freiwilligen, die ihren Namen lautieren wollten. Wieder meldete sich die ganze Klasse.

Ich wählte als ersten Leon aus. Er stellte sich strahlend hin und begann zwei L's vom Brustbein aus nach unten und zurück. Für das E kreuzte er beide Zeigefinger in Mundhöhe. Zum O stellte er den linken Fuß dicht unter das rechte Knie und hüpfte in dieser Stellung ein N. Bei der Wiederholung hielt er die Abfolge ein. Keiner dieser vier Laute war von mir in dieser Weise der Klasse gezeigt worden. Leon hatte alles selbst entwickelt. Er setzte sich und ‚strahlte wie selten'.

Nun wählte ich Amy aus. Sie war erst seit ein paar Wochen auf unserer Schule. Sie stellte sich hin, hielt für das Ä ihren linken Fuß vor den rechten und streckte ihn dann zum I. Das M machte sie, indem sie die Arme zur Seite ausbreitete und die Hände in gleicher Höhe zum Brustraum führte. Dann legte sie die gestreckten Arme an ihre Seiten zum I. Die Ä-Bewegung hatte ich ihr vor einiger Zeit mit den Händen gezeigt. Das M hatte sie selbst entwickelt. Das I hatte sie öfters gesehen. Alle diese Bewegungen hatte sie sich gut überlegt, denn sie konnte sie in gleicher Weise wiederholen.

Nun standen die anderen Schüler auf, und ich begann sofort mit einem schnellen Seitgalopp, um die Klasse nach dem langen Sitzen wieder durchzubewegen. Die Abstände waren dieses Mal nur auf einen Viertelkreis bemessen, so dass alle schnell zwei Mal je einen Kreis nach rechts und dann nach links sprangen. Durch die schnelle Abfolge mussten die Schüler nach der Anspannung beim Lautieren befreit lachen. Danach ließ ich den Seitgalopp – wie gewohnt – mit einem halben Kreis Abstand hüpfen, um die Kinder wieder zu beruhigen.

Dann begann ich eine Runde, in der ich ‚extrem schnell' hüpfte, so dass ich wegen der kleinen Hüpfschritte kaum von der Stelle kam. Alle lachten, denn diese Variation sieht sehr lustig aus, ist allerdings auch schwer auszuführen. Jedes Kind machte eine Runde alleine, dann folgte erst das nächste. Über die Hälfte der Klasse schaffte es, viel schneller als sonst zu hüpfen. Die anderen waren entweder langsamer oder vergaßen den Zwischenschritt beim Hüpfen. Dann gab es die Übung noch zur anderen Seite. Einige Schüler schafften es jetzt besser, einige wurden langsamer, sie waren etwas erschöpft.

Planung und Durchführung der fünften Stunde

In der fünften Stunde möchte ich die Schüler ermutigen, eigene Ideen umzusetzen. Wir werden wieder mit der normalen Eurythmisierung des Alphabetes beginnen, danach versuchen, die Lautformen mit den Beinen zu springen und dann die Schüler nach den Ideen fragen, wie die Klasse als Gemeinschaft das ABC gestalten könne. Zum Schluss soll es wieder an das freie Namengestalten gehen.

Der Verlauf:

Heute freuten sich alle Schüler auf den Unterricht und zogen sich schnell um. Beim Anfangsspruch begann ich mit dem neuen Teil („Gott tut sich in der Stille kund / Und Gott spricht auch aus Deinem Mund / Er bellt gar als ein kleiner Hund / Und eines sag ich Dir nun hier:/ Er kann auch brüllen als ein Stier"). Nach einer kurzen Phase der Irritation machten alle eifrig mit und freuten sich über die Abänderung des Textes.

Bei den Terzen zog ich die Abfolge jeweils einmal durch, und dann ließ ich drei Schüler einzeln die Bewegungen vormachen. Sie ahmten die beiden Gebärden intensiv nach. Als wir nochmal alle gemeinsam die Terzen gestalteten, hatte sie dadurch die Klasse zum Nacheifern angespornt.

Beim Ballen und Spreizen ließ ich die Schüler sich sofort von außen oben nach innen unten und zurückbewegen. Dann ließ ich den Pianisten einen mittleren und einen tiefen Akkord spielen. Beim ersten Akkord sprang ich hoch und landete beim zweiten mit einem Knie auf dem Boden, den Körper dabei so klein und rund wie möglich zusammengezogen. Dann kam wieder ein mittlerer Akkord, gefolgt von einem hohen. Dabei richtete ich mich auf und sprang daraufhin in die Luft, die Arme und Beine X-förmig nach außen gestreckt, den Kopf nach hinten zurückgeworfen. Schließlich landete ich im normalen Stand.

Die Schüler waren davon fasziniert und versuchten, es mir nachzumachen. Das Hochspringen und „Als-Kugel-Landen" war für sie relativ einfach. Sie mussten nur lernen: Wenn das rechte Knie am Boden war, konnten der Oberkörper nur dann tiefer zum Boden gesenkt werden, wenn der linke Arm nicht das linke Knie umfasste, sondern am Körper blieb.

Beim Hochspringen hatten die meisten Schwierigkeiten, die Arme und Beine gleichzeitig nach außen zu strecken. Wenn dann noch die Füße gestreckt waren, mussten diese blitzschnell wieder in die normale Stellung gebracht werden, um nicht auf den Zehen zu landen. Ich ließ je drei Kinder gleichzeitig die beiden Sprünge ausführen und gab dann Tipps, wie es noch bessergehen könnte.

Obwohl die Schüler durch das Springen sehr ‚aufgekratzt' waren, konnten sich alle beim Laufen der großen Acht im Raum wieder konzentrieren. Nach dem ersten Durchgang entfernte ich wieder die ‚Markierungs-Stühle', aber die Raumform blieb auch ohne diese Haltepunkte nahezu genauso groß. Fast alle beachteten die Abstände zum vor ihnen Laufenden, aber das Kreuzen war, von zwei Schülern abgesehen, immer noch von Aufregung und Unsicherheit geprägt. Um den Einstieg in diese Übung zu erleichtern, ließ ich die Musik schneller spielen. Das erhöhte die Spannung. Als der Pianist das Tempo wieder drosselte, atmeten die Schüler auf und fanden die Übung im normalen Tempo auf einmal einfach.

Der Impuls der Unterrichtsreihe:

Wie in den letzten Stunden lautierte ich einmal das ganze Alphabet durch. Dann ließ ich die Schüler allein üben, damit ich überprüfen konnte, wie weit sie in der Gestaltung dieser

Reihe schon sicher war. Der Anfang ging ohne Probleme, aber ab dem P fingen viele an, die Arme sinken zu lassen und zu schauen, ob sie sich an jemandem orientieren könnten. Ich gab immer wieder eine hilfreiche Gebärde, bemerkte aber, dass weder für eine normale noch für eine speziell gestaltete ABC-Reihe die notwendige Sicherheit gegeben war.

Als nächste Variation leitete ich jede Lautgebärde mit einem Sprung ein. Das Springen bereitete den Schülern Freude, es kostete aber viel Kraft. Deshalb ließ ich alle sich auf den Teppich setzen und fragte, wer heute seinen Namen selbst gestalten wolle. Benjamin und Amadeus hatten sich offenbar gut vorbereitet, denn sie zeigten sich ausgesprochen motiviert.

Beim B machte Benjamin eine große einhüllende Gebärde mit dem rechten Arm oben, mit dem linken Arm in Zwerchfellhöhe und dem nach vorn/ innen gebeugten rechtem Bein. Beim E kreuzte er die Arme so weit, wie es an seinen Schultern möglich war, nach außen. Beim N hatte er vergessen, wie es ging, und ich ließ ihn einfach hüpfen. Beim J war es Dasselbe, und ich bat ihn, noch höher zu hüpfen. Er riss dabei beide Arme in die Höhe. Beim A ging er in die Hocke, und seine Arme machten einen Winkel nach unten. Beim M ging er, indem er seine Arme zur Seite ausbreitete, mit seiner rechten Handfläche nach oben und mit seiner linken nach unten. Beim I irrte er sich und hüpfte mit angelegten Armen. Ich ließ ihn weitermachen, und beim N hüpfte er nochmal. Er überlegte lange zwischen den Lauten und hatte Schwierigkeiten, sich an seine selbst ersonnenen Bewegungen zu erinnern. Als er seinen Namen wiederholte, beugte er seinen Oberkörper nach links und winkelte den Arm ab. Dies hatte er wohl vorher vergessen. Beim I streckte er den rechten Arm zur Seite nach unten. Sonst blieben alle Bewegungen wie beim ersten Mal. Als er alles geschafft hatte, machte er einen besonders hohen Luftsprung.

Amadeus machte das A mit seinen nach unten gestreckten Armen. Beim M bewegte er seine Arme von oben über vorne nach unten und ging dabei in die Knie. Beim A ging er mit seinen Füßen auseinander, so dass die Beine einen Winkel nach unten bildeten. Beim D überlegte er länger und machte dann mit seiner linken Hand eine Bewegung nach unten. Beim E kreuzte er die nach unten gehaltenen Arme mit dem linken vorne, auch bei seinen Beinen war das Linke vorn vor dem anderen gekreuzt. Beim U experimentierte er mit verschiedenen Gebärden. Eine passende fiel ihm aber nicht ein. Das S bewegte er mit dem rechten Arm und dem linken Fuß.

Bei der Wiederholung machte er das D mit rechter Hand und rechtem Fuß zum Boden. Den Fuß hatte er beim ersten Mal vergessen. Auch beim U fiel ihm seine Idee wieder ein, und er hielt die angewinkelten Oberarme mit den Händen nach oben parallel vor seinen Oberkörper. Das S machte er jetzt mit seiner linken Hand in einer bewegten Linie von einem Punkt aus, der über seinem Kopf lag, bis dicht über den Boden. Am Ende strahlte auch er erleichtert und zugleich stolz.

Da nur noch wenig Zeit war, begann ich mit normalem Hüpfen nach rechts und links. Danach ging ich zum Wirbelhüpfen über. Dabei dreht man sich während des Hüpfens permanent immer in derselben Richtung um die eigene Achse. Diese Variante hatte ich in der zweiten Klasse eingeführt, um die Kinder schwindelfrei zu machen (Schulung des Gleichgewichtssinns und der Raumlage-Orientierung). Inzwischen konnten alle Kinder nach einer großen Runde Wirbelhüpfen sicher stehen, ohne sich festzuhalten oder zu schwanken. Um Verletzungen zu vermeiden, war der Abstand immer ein ganzer Kreis, so dass nach einem Durchgang die Zeit für die Schlussminute gekommen war. Die meisten atmeten dabei tiefer als sonst. Nach dem Verabschieden war es beim Umziehen sehr ruhig. Die Schüler zeigten sich selbstbewusster und zufrieden.

Planung und Durchführung der sechsten Stunde
In der sechsten Stunde möchte ich wieder mit der normalen Lautierung beginnen. Danach sollen alle Kinder das Alphabet

frei mit den Beinen gestalten und anschließend nur mit den Armen. Zum Schluss werden die Schüler, die sich bisher nicht trauten, ermutigt, ihre Namen zu eurythmisieren.

Der Verlauf:

Die meisten Kinder kamen diesmal etwas abgehetzt zum Unterricht. Sie hatten vorher intensiv Fangen gespielt. Nachdem sie in den Saal gekommen waren, lautierte ich mit ihnen ruhig und sehr deutlich zweimal den Anfangsspruch. Beim zweiten Mal bewegte ich ihn stumm und machte die Armbewegungen etwas langsamer als vorher. Die Klasse musste dabei verstärkt auf meine Bewegungen achten. Durch meine langsamen Gebärden kamen aber alle gut mit.

Danach waren die meisten innerlich beteiligt, und sie konnten ihre Hektik ablegen. Zur Befestigung eurythmisierte ich den Spruch ein letztes Mal mit Sprache und einem kaum merklich schnelleren Tempo, damit es für die Begabten nicht langweilig wurde, und die wenigen, die noch zur Aushäusigkeit neigten, mehr zu sich kamen.

Bei der kleinen Terz ließ ich die Kinder Innerlichkeit als Wärme empfinden, bei der großen Terz gingen ihre Empfindungen nach außen als „Licht in die Welt". Durch das innere Verbinden mit dem Spruch vorher waren jetzt alle mit ihrem eigenen Erleben beteiligt, konnten in die Musik eintauchen und ihre altersgemäße Unterscheidung von Innen- und Außenwelt künstlerisch gestalten.

Auf eine andere Weise griff danach die Übung des Ballens und Spreizens dieses Thema auf. Als erstes erklärte ich den Schülern, dass sie den großen Kreis dunkler machen sollten, dazu aber nur ihre Beine benutzen durften. Es gab ein kurzes Überlegen, dann gingen vier Schüler in den Kreis. Ich bat sie in den großen Kreis zurück und freute mich darüber, dass sie die Lösung gefunden hatten. Als dann alle gemeinsam nach innen gingen, wurde ihnen deutlich, dass der Kreis kleiner und damit dunkler wurde. Das Gleiche ergab sich, als der Kreis „wieder heller wurde". Das hatte nun jeder begriffen.

Mit zuerst ausgebreiteten Armen bewegte wir uns von außen

oben auf den Fußballen nach innen, und zwar bis auf den Boden – dann wieder zurück. Da alle gut bei der Sache waren, steigerte ich das Tempo so weit, dass zur Bewegung des Ballens und Spreizens ein schnelles Laufen kam, bei dem weder in der Mitte noch außen am Kreisrand angehalten wurde. Danach waren alle etwas außer Atem.

Der Pianist spielte jetzt den mittleren und den dunklen Akkord, ich sprang etwas hoch und landete als „Kugel" auf dem Teppich. Dann kamen der mittlere und der hohe Akkord und ich flog in die Luft, spreizte meine Arme und Beine, soweit es ging, nach außen und landete in normaler Haltung auf dem Boden. Alle meldeten sich und wollten es auch machen. Ich ließ es diesmal die ganze Klasse zusammen mehrmals durchführen. Wie immer bei Sprungübungen herrschten Freude und Lachen.

Zum Laufen der großen Acht im Raum ließ ich diesmal den Holzkorb und die Stühle weg und markierte die Orientierungspunkte mit gelber Kreide auf dem Boden. Nach einem gelungenen ersten Durchgang ließ bei drei Schülern die Aufmerksamkeit nach, die Abstände wurden kleiner, die anderen konnten keinen Ausgleich schaffen, so dass sich ein Stau vor dem Kreuzungspunkt bildete. Ich ordnete neu, ließ etwas langsamer laufen und beendete diesen Stundenabschnitt, nachdem der erste Durchgang gelungen war.

Der Impuls der Unterrichtsreihe:

Als alle wieder im großen Kreis standen, begannen die Schüler mit mir das Alphabet mit großen, klaren Armgebärden zu machen. Vor dem zweiten Durchgang sagte ich an, dass sie danach allein lautieren sollten. Dadurch waren jetzt alle sehr aufmerksam beteiligt. Als die Klasse es dann alleine vormachte, ging es wieder ziemlich gut bis zum P. Ich zeigte auf jemanden, der sich erinnerte, alle schauten auf ihn und ergriffen seine Gebärde. Beim Q wiederholte ich dieses Vorgehen. Das V erinnert niemand. Ich wiederholte mit allen die Reihe vom P bis zum Ende zwei Mal, dann war die Klasse vom P aus alleine dran, und diesmal konnten sich einige

Schüler an die Bewegungen erinnern.

Dann gab ich die Aufgabe, die ersten fünfzehn Laute vom A bis zum O nur mit den Beinen zu machen. Jeder konnte es so ausführen, wie ihm gerade die Bewegung für einen Laut einfiel. Ich schaute nur zu, ohne etwas vorzugeben. Die Schüler versuchten alle die Gebärden nachzuahmen, die vorher gemacht worden waren. Da dies mit den Beinen nicht einfach zu realisieren ist, wurde viel gelacht. Dadurch, dass sie aber hinreichend geübt hatten und entsprechende Bewegungen gestalten konnten, entfalteten alle eine intensive Eigenaktivität, die mit großer Freude gepaart war.

Wegen der offenen und arbeitsintensiven Stimmung wich ich von meiner Vorbereitung ab und fragte: „Welche Laute könnt ihr mit dem Kopf machen?". Die Schüler lachten, waren aber auch gespannt. Schnell war ihnen klar, dass Vokale so nicht darstellbar sind. Bei den Konsonanten entstanden ganz ungewöhnliche Ansätze. Die Stimmung wurde immer ausgelassener und nach dem N ließ ich alle sitzen, damit der letzte Schüler, der noch nicht seinen Namen lautiert hatte, sich sammeln konnte. Ich bat Alexander mit einer wortlosen Geste (Handbewegung), in den Kreis zu treten.

Das A machte er mit nach vorne weit geöffneten Armen in Schulterhöhe. Sein L ging auch in Schulterhöhe nach vorne. Beim E kreuzte er die Beine und die gestreckten Arme nach unten, jeweils der rechte vorne. Beim K gab es eine kräftige Gebärde nach unten mit Hand und Fuß. Beim S strich sein linker Arm von oben nach unten, bewegungsgeführt von seiner Hand. Das zweite A machte er weit geöffnet nach oben. Beim N führte er die rechte Hand und den rechten Fuß vorsichtig nach unten und ließ sie dann mit einem Körpersprung nach oben schnellen. Beim D drückte er beide Hände wie gegen einen Widerstand am Körper seitlich nach unten. Beim E kreuzte er seine Arme hinter seinem Rücken, und beim R machte er in einer senkrechten Ebene kreisende Bewegungen mit seinem rechten Arm und seinem rechten Bein. Beim zweiten Mal konnte er seine Abfolge genauso wiederholen, einzig das zweite A war jetzt nach unten geöffnet und das zweite E war vor dem Körper nach unten gekreuzt. Dafür nahm er bei der D-Gebärde sein rechtes Bein hinzu.

Alle Bewegungen waren sehr ausdrucksvoll geführt, aber zwischen den Lauten war immer eine sehr lange Pause. Er gehörte zu den Schülern, die immer viel Zeit brauchen, dann aber das Qualitative einer Gebärde sichtbar machen konnten.

Ich begann den Abschlussteil mit dem Seitgalopp nach rechts und ließ die Klasse wieder mit einem Viertelkreis-Abstand folgen. Nach einer Runde in der Gegenrichtung begann ich, die Seitgalopp-Vierer-Reihe. Nach vier Sprüngen drehten wir uns mitten im Sprung beim Klatschen der Beine in der Luft um 180° und bewegten uns in gleicher Richtung weiter. So hatte jeder vier Seitsprünge mit dem Gesicht nach innen, dann vier nach außen, dann vier nach innen usw. – bis der Anfangsplatz wieder erreicht war.

Ich nannte dies: Das eurythmische Rechnen. In der Gegenrichtung gab es dann die Dreier-Reihe. Zur richtigen Zeit zu drehen, fiel vielen Kindern schwer, denn es mussten viele verschiedene Bewegungen koordiniert werden, gleichzeitig mussten die Kinder zählen. Nach zwei Runden hohem Hüpfens stand die Schlussminute an, und wir beendeten vergnügt den Unterricht.

Reflexion – *Zur Wirkung auf die Schüler*

Alle Schüler der dritten Klasse waren bereit und in der Lage gewesen, ihren Namen eurythmisch zu lautieren. Sie hatten sich auch deshalb auf dieses ‚Wagnis' einlassen können, weil sie es gewohnt waren, durch diskrete Hilfen und Hinweise meinerseits und vielfältige Formen der Ermutigung Unterstützung zu finden (positive Verstärkung).

Während des Lautierens war bei allen Schülern das Gesicht angespannt, hinterher zeigten sie sich aber gelöst, voller Lebensfreude, Stolz und Selbstbewusstsein. Weitere Indizien für den Erfolg waren der kräftigere Tonus ihrer Extremitäten, ihre weniger blasse Gesichtsfarbe, das starke Strahlen der Augen und die hochgezogenen Mundwinkel.

Die Schüler hatten die in ihrem Alter natürlich vorhandene Kreativität erlebt, indem sie aus der kennengelernten Vielfalt der eurythmischen Lautgesten Eigenes ausgewählt hatten. Tim hatte sogar eigene Ideen in seine Namensgestaltung eingebracht.

Zu meinen eigenen Zielvorgaben

Mein Ziel war es, die Schüler zu einer selbstverständlichen, spielerischen Namensgestaltung zu führen. Die Gebärden sollten sich aus einem inneren Bild „wie von selber" ergeben, ohne Anstrengung, so wie diese Altersklasse Spiele ausführt (Bildung von Vorstellungen aus der Erinnerung einerseits, aus einem schöpferischen Vermögen andererseits sowie deren spontane Umsetzung in eurythmische Gebärden).

Das ist mir nicht gelungen. Kein Schüler konnte sich bei der Kreation seines Namens von seinen Vorstellungen lösen und in ein spontanes Tun eintauchen. Bei einigen stellten sich sogar längere Überlegungspausen ein, in denen sie innerlich nach Gebärdenvarianten suchten.

Das lag an der zu kurzen Vorbereitung der Klasse. Das Variieren war zwar angelegt, aber noch lange nicht in dem Stadium, in dem es spielerisch, also spontan von den Kindern gehandhabt werden konnte.

Die Unterrichtsreihe mit Klasse 9

Menschenkundliche Voraussetzungen

Sylvia Bardt und Rosemaria Bock gaben mir folgende Tipps für das Unterrichten einer neunten Klasse: Dort herrsche immer ein gewisses Chaos. Dieses müsse man leiten, gewissermaßen kanalisieren, aber nicht versuchen, es mit aller Macht zu beseitigen. Die Schüler haben das Denken entwickelt, und lieben es, dieses Denken anzuwenden.

In mir entstand im Laufe der Jahre das Bild: Wenn man die Klasse als eine Kugel sieht, so schiebt der Klassenlehrer in den ersten acht Schuljahren diese Kugel kontrolliert auf ihre Bahn. In der neunten Klasse fehlt diese Führung, und die Kugel rollt dadurch jetzt ungelenk ihren Weg.

Über die in diesem Alter auftretende Ich-Erfahrung schreibt Malte Schuchhardt [5] : „Mit dieser Ich-Erfahrung ist ein deutlicher Verlust verbunden. Das einheitliche Welterleben ist zerbrochen. [...] Der Jugendliche ist ein Fremder, ein Heimatloser geworden [...], auch er selbst wird sich fremd und zum Rätsel. Man hat den Eindruck, dass das Leben wie etwas Neues noch einmal anfängt".

Heinrich Schirmer schildert die Lage der Schüler am Beginn der Oberstufe als[6]: „...die Suche nach einer neuen Harmonie mit der Welt, die nicht auf Kosten der anfänglich gewonnenen Identität und der persönlichen Freiheit gehen soll".

Schenk-Danzinger zu diesem Alter [7] : „Verschiedene jugendliche Verhaltensweisen werden aus der zentralen Bedeutung des Selbstfindungsprozesses verständlich, vor allem die Überbewertung der eigenen Person, die als Ichbezogenheit in Erscheinung tritt. [...] Widrige Umstände

---

[5] Schuchhardt, Malte: *Lachen und Weinen Erzieher der Seele,* Stuttgart 2005, S. 58 ff.

[6] Schirmer, Heinrich: *Bildekräfte der Dichtung: zum Literaturunterricht der Oberstufe,* Stuttgart 1993 S. 125.

[7] a.a.O. S. 374.

können das Selbstwertgefühl aber auch bis zum Lebensüberdruss herabsetzen. Die Selbstmordquote ist bei Jugendlichen mit 9% aller Todesfälle dieser Altersstufe sehr hoch".

An anderer Stelle erklärt die Autorin[8]: „Das Zusammensein mit Gleichaltrigen bietet gleichzeitig ein wichtiges Umfeld für soziale Interaktionen wie Wettbewerb, Zusammenarbeit, Unter- und Überordnung [...] Jugendforscher betonen ganz besonders die Bedeutung der Jugendgruppe als jenen Ort, an dem Jugendliche Status und Prestige erlangen können..."

Diese Hinweise können in den Eurythmieunterricht integriert werden, indem z. B. ein Stabdrehwurf-Wettbewerb initiiert wird, oder geschickte Schüler ihren Mitschülern bestimmte Übungen in einem Nebenraum erklären, während der normale Unterricht weiterläuft. Wichtig ist die Selbsterfahrung am Erwerb neuer Fähigkeiten und Fertigkeiten, welche die Wertstellung des Schülers gegenüber sich selbst und der Gruppe, hier der Klassengemeinschaft, gegenüber bestimmt. Dabei ist das Erlebnis entscheidend, dass ich es wert bin, von anderen unterstützt zu werden bzw. andere zu unterstützen, um zu erleben, dass jedes Ich seine unverwechselbare Besonderheit in einem Kosmos, hier innerhalb der Klassengemeinschaft, hat, und dabei eine sinnhafte Entwicklung erfährt.

Kupferstäbe in der Eurythmie
Rudolf Steiner gab bereits am 19.9.1912, also nicht einmal ein Jahr nach der ersten Üb-Angabe zur eurythmischen Kunst, die erste von insgesamt sieben Stabübungen, die sogenannte siebenteilige, an Lory Maier-Smits und Annemarie Dubach-Donath. Steiner gab die Anweisung, man solle für die

---

[8] A.a.O. S. 401.

Stabübungen Kupferstäbe nehmen. Dieses Metall gebe den Bewegungen von innen heraus Sicherheit.[9]
Nach meiner Erfahrung aktiviert Kupfer die Finger und Handflächen. Sie werden durch den Kontakt mit diesem Metall wärmer und damit feinmotorisch beweglicher. In der Naturheilkunde werden Kupfersalbe und Kupfer-Schuheinlagen gegen kalte Füße und Beine eingesetzt.
Insgesamt entwickelte Rudolf Steiner sieben Stabübungen. Diese sind:
die 7-teilige
die 12-teilige
So-ist-S
Oui-Qui
die Spirale
der Wasserfall
das Stabwerfen
Das Stabwerfen wird nur von Annemarie Dubach-Donath geschildert. Sie schreibt: „Eine Übung soll noch erwähnt werden, die von Dr. Steiner nur im Prinzip gezeigt wurde, und die bis jetzt noch nicht viel angewendet worden ist; es ist das Auffangen des Stabes, nachdem er, emporgeworfen, sich ein- oder zweimal in der Luft gedreht hat".[10] Um für den Unterricht einen klaren, eindeutigen Namen zu haben, wird er von mir Stabdrehwurf genannt.
In der folgenden Unterrichtsreihe der Klasse 9 benutze ich die 7-teilige, So-ist-S, den Wasserfall, im Text Kleiner Wasserfall genannt, und den Stabdrehwurf. Alle anderen Namen für die Stab-Variationen sind, wenn nicht anders angegeben, von mir, da es mein Anliegen ist, im Unterricht „griffige" und eindrucksvolle Namen zu verwenden.

Die Variationen sind entweder von mir (wie z.B. der Klatsch-Wasserfall) oder von Kollegen im Laufe meiner vierunddreißig Unterrichtsjahre (Stand 2012) übernommen. Die Herkunft, also wer diese Übungen kreiert hat, kann ich nicht mehr nachvollziehen.

Die beiden ersten mit den Kupferstäben arbeitenden Eurythmistinnen beschreiben schon variierende Ausarbeitungen der Grundübungen. Lory Maier-Smits erklärt, wie Rudolf Steiner am 26.4.1913 nach zwei Vorträgen im Rheinland zu ihnen kommt, um sich die Resultate der bisherigen eurythmischen Ausarbeitungen anzusehen: „Dann kam unsere so vielfältig ausgearbeitete Stabübung..." Es kann sich dabei nur um die 7-teilige handeln, denn erst im Anschluss an diese Aufführung gibt Rudolf Steiner seine weiteren Stabübungen. [11] Auch Annemarie Dubach-Donath schreibt, von Rudolf Steiner sei öfters betont worden, dass die elementaren Stab-Grundübungen im Einzelnen variiert und erweitert werden können – auch mit Raumformen und in Gruppenverteilungen. Allerdings erst, wenn die den Übungen zu Grunde liegenden Gesetzmäßigkeiten mit strenger Gründlichkeit erübt worden sind.[12] Es wurden also schon von Beginn der Stabeurythmie an die Grundübungen variiert, erweitert und durch Neues ergänzt. Eine ausführlichere Schilderung findet sich dazu in einer Veröffentlichung von Rosemaria Bock über die Stabeurythmie.[13]

Die Situation der 9. Klasse
Vor fünf Jahren hatte unsere Waldorf Förderschule so viele Anmeldungen, dass wir eine „Quereinsteigerklasse" einrichteten. Sie startete als fünfte Klasse. Mit Beginn des achten Schuljahres übernahm ich diese Klasse für ein Jahr als

---

[11] Steiner, Rudolf: GA 277a, S. 45
[12] a.a.O. S. 7f.
[13] Bock, Rosemaria: *Die Stabübungen Rudolf Steiners für die Eurythmie,* Stuttgart 2006.

Schwangerschaftsvertreter. Die Schüler hatten den Ruf schwierig zu sein und den Unterricht oft durch Desinteresse und laute Zwischenrufe zu stören, um damit den Ablauf zu verunmöglichen.

Da die Klasse noch nicht mit Kupferstäben geübt hatte, legte ich von Beginn an meinen Unterrichtsschwerpunkt darauf. Durch ihr starkes Längenwachstum „wissen die Schüler oft nicht, wohin mit ihren Händen" und stecken sie dann gerne in die Hosentaschen. Jetzt mit den Stäben haben sie etwas, an dem sie sich „festhalten" können. Dazu korrigiert der Stab sie sachlich und eindeutig. Wenn er runterfällt, erübrigt sich jede Ausrede. Weil diese Schüler im Übergang von der fünften zur sechsten Klasse nicht mit Kupferstäben gearbeitet hatten, holte ich die diesem Alter angemessenen Stabübungen Klasse nach.

Das war für die Schüler unangenehm, weil ihre Körper größter und schwerer als die von Sechstklässlern waren. Nachdem aber diese Grundlagen gelegt waren, bemerkten die Jugendlichen ihre aufkommenden neuen Fähigkeiten und arbeiteten intensiver mit. Schließlich war es möglich, jene Stabübungen zu avisieren, die ich bei den achten Klassen neu anlege.

Gegen Ende des achten Schuljahres, also nach erfolgreichem Abschluss dieser Übungen, kam eine Abordnung der Jungen zu mir und bat mich, die Klasse nicht abzugeben. Meiner Kollegin war das recht. In der neunten Jahrgangsstufe wollte ich die Fertigkeiten der Schüler im Umgang mit den Kupferstäben erweitern. Sie sollten dabei ihre Kreativität erleben, damit ihr Selbstbewusstsein gestärkt und das Erlebnis geweckt werde, dass starke Anforderungen wie beim Üben mit den Stäben trotz zwischenzeitlicher Rückschläge zu nachhaltigen Erfolgen führen. Das Erleben der eigenen Leistungsfähigkeit und eigener Kreativität kann ein großes Gegengewicht gegen Drogen und andere Formen des Suchtverhaltens bilden.

Planung und Durchführung der Reihe

Umfang: 6 Stunden

Zeitlicher und inhaltlicher Aufbau der Stunden (je 45 Minuten):

4 Min. Eintreffen der Schüler im Umkleideraum und Schuhwechsel

2 Min. Schüler betreten den Unterrichtssaal, nachfolgend Anfangsspruch

3 Min. Laufen einer geometrischen Form auf einen improvisierten 4/4 Takt

2 Min. Wechseltakt 4/4 und 3/4

25 Min. Stabübungen

5 Min. Stabdrehwurf-Wettbewerb

2 Min. Schlussminute

2 Min. Umziehen und Verlassen des Umkleideraums

Hauptlernziele der Unterrichtsreihe

Die Schüler sollen durch vielfältige Variationen der jeweils verschiedenen Stabübungen angeregt werden, eigene Variationen zu finden bzw. zu erfinden. In jeder Stunde beginnen und enden die Stabübungen mit der gleichen Übung. Dazwischen gehe ich mit der Klasse bekannte und neue Stabaufgaben durch. In jeder Stunde soll möglichst nur eine Grundübung variiert werden, damit die Schüler die Variationsvielfalt jeweils einer Übung erleben können.

Schließlich will ich in den letzten zwei Stunden versuchen, ob es für diese Jugendlichen schon möglich ist, auf Grund dieser Anregungen weiterführend eigene Variationen zu kreieren.

Planung und Durchführung der ersten Stunde

Folgende Stabübungen sind geplant:

1. Der Kleine Kiebitz oder Seitgalopp:

Aus einer leicht gegrätschten Ausgangsposition springt man mit beiden Beinen zur Seite, schlägt mitten im Sprung die Füße kurz aneinander, landet mit gegrätschten Beinen und springt sofort in der

44

beschriebenen Weise seitwärts weiter, etc. So entsteht eine fortlaufende rhythmische Bewegung.

2. Der Stabdrehwurf:

In der Ausgangsposition steht man mit geschlossenen oder leicht geöffneten Beinen. Eine Hand hält das eine Ende des Stabes so, dass dieser vor dem Körper schräg nach vorne unten zeigt. Die Hand wirft nun den Stab mit so viel Schwung nach oben, dass er sich der Länge nach in der Luft dreht und dann mit dem anderen Ende wieder in der Wurfhand landet. Nach einiger Übung lässt sich die Kraft beim Werfen so gezielt dosieren, dass man den Stab willentlich nach einer halben, einer ganzen, anderthalb oder zwei Drehungen wieder auffangen kann.

Die Übungen 1. und 2. sind den Schülern so vertraut, dass sie sich zum Aufwärmen für alle eignen. Das gilt auch für die Kombination des Seitgalopps mit fortlaufenden Halbdrehungen des Stabes, die für den Beginn der ersten Stunde vorgesehen ist. Beim Stabdrehwurf lässt sich der Schwierigkeitsgrad durch die Anzahl der Drehungen fast grenzenlos steigern. Daher ist bei dieser Übung ohne besondere methodische Maßnahmen jeder Schüler auf seiner Fähigkeitsstufe differenziert gefordert.

3. Die „So-ist-S"-Übung:

Als Grund-Handwerkszeug wird diese Übung im Stehen und mit dem geschickteren Arm ausgeführt. Der Rechtshänder fasst den Stab in der Mitte mit allen fünf vorderen Gliedern der rechten Hand. Während der gesamten Übung soll die Position der Fingerspitzen unverändert bleiben. Bei gestrecktem Arm wird nun durch fortgesetzte Drehung des Handgelenks – von oben gesehen im Uhrzeigersinn – der Stab in eine kreisende Bewegung um seine Mitte versetzt. Dabei kreist die eine Hälfte des Stabes oberhalb, die andere Hälfte unterhalb des Armes.

Gelingt die Übung locker und schnell, so zeichnen die beiden Enden des Stabes eine horizontale Kreislinie in die Luft. Hält die linke Hand den Stab, so kreist das entsprechende Handgelenk ebenso wie der Stab in der entgegengesetzten Drehrichtung.

4. Die „Daumenfalle":
Diese Übung beginnt mit der So-ist-S-Bewegung. Während der kreisenden Bewegung wird die Drehung des Handgelenks angehalten, der Daumen angelegt, und der Stab dreht sich auf der ruhig nach oben gehaltenen Handfläche weiter. Bewegt sich der Daumen nach oben, so stößt er gegen den Stab, und der Stab fällt zu Boden – daher der Name der Übung.

5. Das Spitzer-S
Benannt nach einem meiner früheren Schüler, Peter Spitzer, der diese Übung vor vielen Jahren entwickelt hat – beginnt sie ebenfalls mit der So-ist-S-Bewegung. Nach der Ruhigstellung des Handgelenks dreht sich der Stab diesmal jedoch auf dem nach oben gehaltenen Handrücken weiter. Wegen der Erhöhung der Fingergrundgelenke ist der drehende Stab dabei wesentlich schwerer auf der Hand zu halten als bei der Daumenfalle.
Zu den Übungen 3.-5.: Im Vergleich zu der So-ist-S-Übung, die erfahrungsgemäß von allen Schülern der Klasse gemeistert wird, verlangen die Daumenfalle und das Spitzer-S eine erhöhte Geschicklichkeit. Für die bewegungsbegabten Schüler sind diese Übungen eine reizvolle Herausforderung. Gelingt es aber, die weniger geschickten Schüler ‚bei der Stange' zu halten, kann man gerade bei ihnen durch stetig wiederholendes Üben erstaunliche und für die Entwicklung ihres Selbstwertgefühls wertvolle Erfolge erleben.

6. Der Stabdrehwurf-Wettbewerb (Lieblingsübung der Klasse):

Alle Schüler stehen im „weitesten aller möglichen" Kreise und sollen je drei Stabwürfe mit einer halben Umdrehung ausführen. Fällt ein Stab zu Boden, so muss er liegen bleiben. Die Schüler, die den Stab nach allen drei Würfen auffangen können, versuchen nun die Würfe mit einer ganzen Drehung, anschließend drei Würfe mit einer eineinhalbfachen Drehung. Wer am Ende seinen Stab noch in der Hand hält, bekommt eine Extraaufgabe, z.B. den Stab nach drei Umdrehungen zu fangen oder zwei Freiwürfe (mit beliebig vielen Umdrehungen) - auszuführen in der Mitte des Raumes. Besonders geschickte und geistesgegenwärtige Schüler haben es geschafft, in meinem 4,50 m hohen Eurythmiesaal den Stab nach sechzehn Umdrehungen aufzufangen.

Zur Vorbereitung des eigentlichen Wettbewerbs sollen alle Schüler noch einmal die Möglichkeit bekommen, ihre aktuelle Kondition zu verbessern, indem sie den Stabdrehwurf mit halber, ganzer und eineinhalbfacher Drehung mehrmals üben. Die nicht gefangenen Stäbe dürfen dabei aufgehoben werden.

7. Der „Regenschirm":

Am Ende der Stunde gehen zuerst entweder die Mädchen oder die Jungen und dann die andere Gruppe mit waagerecht nach vorne gehaltenen Stäben zur Raummitte, senken auf dem Weg ihre Stäbe auf einen Winkel von ungefähr 45° bis sich die unteren Spitzen im kleinstmöglichen Kreis berühren. Alle Stäbe bilden jetzt einen nach oben offenen Trichter. Dies nenne ich den Regenschirm. Dann lasse ich denselben schließen. Die Schüler stellen dabei ihre Stäbe auf dem unteren Ruhepunkt senkrecht, so dass sie (die Stäbe!) jetzt ein kompaktes Bündel bilden. Danach wird ein Schüler genannt, der das Stabbündel greift und in den dafür vorgesehenen Korb befördert.

47

Zum Abschluss der Stunde sollen alle Schüler ruhig und aufrecht im großen Kreis stehen. Dabei werden die Hüften so gekippt, dass der Rücken gerade ist und die Stirn mit den Fußballen eine senkrechte Linie bildet. Durch diese Ruhestellung sollen sich die Schüler innerlich sammeln.

Der Verlauf:

Nach dem Anlegen der Eurythmieschuhe stellten sich die Schüler vor der Saaltür in zwei Reihen auf – von dort gesehen, die Mädchen links und die Jungen rechts. Ich ließ sie im Reißverschlussverfahren den Raum betreten. Da nie feststeht, wen ich aufrufe, damit er/sie hineinführt, ist die Konzentration der Schüler auf mich gerichtet. Ich dagegen erkenne an dem Umstand, dass der ,Reißverschluss ggf. klemmt', dass die Klasse an diesem Tag innerlich nicht geordnet ist.

Diesmal nannte ich den Namen eines Jungen. Alle gingen ,gut sortiert' in den Kreis hinein und der Pianist spielte dazu eine Gavotte von Georg Friedrich Händel[14] (ruhig und fließend).

Als alle auf ihrem Platz standen, verstummte die Musik, und ich lief mit der Klasse die Anfangsform – eine halbe Acht, die vor jedem Schüler lag und über rechts begann. Beim Ankommen innen am anderen Ende der Acht wurde kurz angehalten und dann gerade nach hinten auf den Anfangsplatz gegangen. Dann ließ ich die Form zurücklaufen.

Fünf Schüler verwechselten bei der Formrückschau die Richtung und begannen die Acht statt nach links nach rechts. Ich wiederholte die ganze Form und gab den fünf Schülern mit Handweisung eine Hilfe. Gleichzeitig ließ ich immer wieder kurz anhalten und wies auf die Stellen hin, an denen der Kreis nicht rund war. Beim dritten Mal liefen alle fast synchron, und niemand verwechselte bei der Acht die Richtungen.

---

[14] Händel, Aylesforder Stücke Gavotte Nr. 3 in G-Dur

Dann folgte eine Raumform, welche die Schüler noch mehr innerlich sammeln sollte: Alle drehten sich 90° nach rechts in Laufrichtung. Die Aufgabe war,
- schräg nach vorne links innen auf einen imaginären weiter innen liegenden Kreis mit vier Schritten zu gehen,
- dann auf diesem kleineren Kreis vier Schritte zurück zu gehen,
- anschließend weiter nach vorn schräg nach rechts außen mit vier Schritten zu gehen
- und weiter nach vorn wieder schräg links innen mit nochmal vier Schritten.

Begleitet wurde diese Aufgabe mit einer Vier-Viertel-Takt-Musik nebst Auftakt. Auch hier waren zwei Wiederholungen nötig, damit die meisten die Abfolge sicher ausführen konnten. Drei Schüler kamen überhaupt nicht zurecht, aber ich korrigierte nicht zu viel, um die Klasse nicht zu ermüden.

Dann ließ ich einen Wechseltakt von Slavicky[15] spielen, bei dem sich regelmäßig Vierviertel- und Dreivierteltakt abwechselten. Beim Viervierteltakt machten alle
- einen großen Schritt nach rechts,
- einen kleineren nach links,
- dann einen noch kleineren nach rechts
- und auf den vierten Taktteil wurde der linke Fuß an den rechten gestellt.

Beim folgenden Dreivierteltakt machte
- der rechte Fuß auf die Eins einen großen Schritt nach rechts,
- auf die Zwei ging das linke Bein nach vorne mit dem gestreckten Fuß dicht über dem Fußboden
- und auf die Drei wurde das linke Bein wieder an das rechte gestellt und das Gewicht nach links verlagert.

---

[15] Slavicky, Tschechoslowakisches Jugendalbum für Klavier Edition Peters Nr. 9418.

Die Musik begann so langsam, dass alle mitkamen. Auf ein Zeichen von mir spielte der Pianist schneller. Die Schüler wurden alle etwas unsicherer und dadurch aufmerksamer, dann ließ ich die Musik wieder langsam spielen. Dies wiederholte ich. Jetzt waren beim langsamen Teil fast alle mehr mit der Musik zusammen, nur fünf Schüler, die Takte nicht deutlich erkennen können und zum Teil auch Koordinationsschwierigkeiten haben, waren nicht synchron. Beim schnellen Teil ließ ich die Musik noch schneller werden, stoppte aber die Geschwindigkeit an dem Punkt, wo Schwierigkeiten zwar sichtbar wurden, aber noch keiner resignierte. Beim abschließenden langsamen Teil waren alle Füße ziemlich genau im Takt.

Der Impuls der Unterrichtsreihe

Jetzt ließ ich eine Schülerin die Kupferstäbe holen und mir das Stabbündel geben. Dann warf ich jedem Schüler, im Kreis gehend, einen Stab zu. Bei den geschicktesten Schülern ging der immer senkrecht fliegende Stab auf seinem Wurfbogen bis dicht unter die 4,50 Meter hohe Decke, bei den anderen ließ ich ihn ca. zwei Meter hochfliegen. Bei einer Schülerin, die sehr große motorische Schwierigkeiten hat, warf ich den Stab nur ungefähr einen Meter hoch, so dass auch sie ihn auffing.

Um Verletzungen zu vermeiden, hatte ich die Regel eingeführt, dass niemand etwas Anderes mit dem Stab macht, als ich vorgebe. Wenn ich etwas erkläre oder erzähle, wird der Stab festgehalten und nicht bewegt. Wer trotzdem den Stab bewegt, muss ihn während der folgenden Übung auf den Boden legen. Wer die Regel zum zweiten Mal bricht, muss seinen Stab für den Rest der Stunde hinlegen. Nachdem im letzten Jahr drei Mal die jeweiligen Schüler ihren Stab hinlegen mussten, hatten es alle verstanden, und die Regelverletzung kam nur noch sehr selten vor.

Jetzt führte ich mit meinen Füßen den Seitgalopp („kleiner Kiebitz") im Kreis innen nach rechts aus, hatte den Stab auf den übereinanderliegenden vier Fingern und hielt ihn oben mit dem Daumen an seinem Ende. Bei jedem ersten Sprung warf ich den Stab zum Stabdrehwurf und fing ihn nach einer halben Umdrehung wieder beim zweiten Sprung. Ich bewegte mich auf einem großen Innenkreis und rief nach halber Strecke den Namen des rechts von mir stehenden Schülers, der es mir dann nachtat. Als ich wieder auf meinem Platz war, folgte der nächste usw., immer mit einem halben Kreis Abstand. Bis auf drei Schüler fingen sie bei jedem Sprung ihren Stab.

Jetzt waren alle Schüler sichtlich durchwärmt und beweglich. Ich streckte meinen Arm und legte alle fünf Fingerspitzen auf die Stabmitte. Dann begann ich langsam mit „So ist S". Die Schüler taten es mir nach, einige murrten („So ist S" war von der Klasse nicht geübt worden war, daher hatten die murrenden Schüler noch relativ unbewegliche Handgelenke). Um auch die unsicheren Schüler mitzunehmen, bildete ich mit der freien Hand eine Faust vor meinem Körper, um die ich den Stab relativ eng herumbewegte. Ich erinnerte nochmal, dass beim Rühren in einem Kochtopf der gleiche Ablauf stattfindet. Dann wurde für die unsicheren Schüler der Topf immer größer, bis der Stab ‚größtmöglichst' parallel zum Unterarm kreiste. Bis auf zwei Schüler gelang es allen. Die sechs besonders begabten konnten ihre Stäbe schon sehr schnell kreisen lassen.

Ich lobte die sichtbaren Fortschritte und ging dann zur „Daumenfalle" über. Die zehn begabtesten Schüler übten intensiv, hatten ihre Freude daran, wenn der Stab sich mit dem Anfangsschwung drehte, schimpften, wenn er zu Boden fiel, und übten intensiv wie auch ausdauernd. Für die anderen war es größtenteils schwer, den Stab überhaupt auf die Handfläche zu bekommen, zum Teil ging bei ihnen der Daumen von der gestreckten Hand nach oben, und der drehende Stab fiel zu Boden. Da die Schüler zu verzweifeln drohten, half ich ihnen, indem ich die Übung ganz langsam vormachte und sie auch langsam mitüben ließ. Bei Dreien gelang es, der Stab drehte sich für kurze Zeit auf ihrer Handfläche. Ich lobte ihre

Fortschritte, und sie machten daraufhin mit neuem Elan weiter.

Dann zeigte die für heute letzte Variation: Das „Spitzer-S".

Drei Schüler konnten es sofort nachmachen, zwei schafften es, indem ich es ihnen mehrmals vormachte und Tipps gab: Bei einem war der Stab zu langsam, ein anderer hatte die Hand in der Mitte zu stark nach unten gestreckt, sodass der Stab an Fingerspitzen und Handwurzel kam. Beide konnten die Verbesserungen aufgreifen, schafften es aber noch nicht, die Ausgleichsbewegungen zu machen. So war ihr Stab immer nur für einen Augenblick in einer Drehbewegung auf ihrem Handrücken. Sie spürten den Fortschritt und versuchten es immer wieder. Den übrigen Schülern hatte ich nach kurzer Zeit den Tipp gegeben, das normale So ist S weiter zu üben.

Ich schloss die Übung ab und kündigte die Lieblingsübung aller ‚Pubertätsklassen' an: Den Stabdrehwurfwettbewerb.

Zuerst ließ ich alle Schüler üben. Dann begannen wir mit einer halben Umdrehung. Nach drei Würfen waren alle sicher. Bei der folgenden ganzen Umdrehung fielen fünf Stäbe auf den Boden. Ich ließ sie aufheben und alle Schüler nochmal werfen. Jetzt lagen sechs Stäbe unten. Wir wiederholten die Übung noch einmal. Da lagen nur noch drei Stäbe auf dem Boden.

Jetzt begann der Wettbewerb. Alle machten mit mir gemeinsam drei Mal einen halben Drehwurf, und alle fingen. Dann begann ich allein mit einem ganzen Stabdrehwurf. Sobald ich gefangen hatte, warf mein linker Nachbar, dann der nächste usw. Alle hatten nach der ersten Runde ihre Stäbe gefangen. Jetzt begann ich wieder mit einer Umdrehung, dann folgte mein rechter Nachbar, denn jetzt ging es in Gegenrichtung; wir machten eine „Rückschau". Einer Schülerin fiel der Stab auf den Boden. Sie war damit ausgeschieden. Die dritte Runde ging wieder links herum. Danach lagen insgesamt drei Stäbe auf dem Boden. Jetzt begannen die drei Runden mit anderthalb Umdrehungen – in der Reihenfolge über links. Die Schüler bekamen jetzt einen Bonus: Sie konnten den Stab einmal aufheben, wenn er gefallen war. Nach der ersten Runde lagen fünf Stäbe auf dem Boden. Drei Schüler hatten den Bonus gebraucht, aber nur einer hatte den Stab beim zweiten Mal gefangen. Nach der zweiten Runde lagen neun Stäbe auf dem Boden, nur noch sechs Schüler waren übrig. Sie fingen alle den Stab auch in der dritten Runde. Ich notierte mir die sechs Schüler.

Dann kam der „Regenschirm". Ich hielt meinen Kupferstab senkrecht nach oben, die Schüler taten es mir nach. Dann sagte ich: „Die Mädchen!" und alle Mädchen gingen in den Kreis, senkten ihre Stäbe und führten die Spitzen in der Raummitte zusammen. Jetzt war der „Regenschirm" geöffnet. Auf mein Zeichen hin wurden die Stäbe senkrecht gestellt, der „Schirm" war geschlossen. Ich nannte den Namen eines Mädchens, dieses griff sich das Stabbündel und stellte es in den Stabkorb in der Saalecke. Dann machte ich mit den Jungen das Gleiche. Danach standen alle eine Minute ruhig im Kreis, dann spielte der Pianist. Ich wendete mich der linken Seite zu, die ruhiger während der Schlussminute gewesen war, und verabschiedete jeden mit Handdruck und Namensnennung. Ruhig und geordnet verließen die Schüler den Saal und später auch den Umkleideraum.

Planung und Durchführung der zweiten Stunde

Im Mittelpunkt stehen Wasserfall-Variationen. Folgende Stabübungen sind geplant:

1. Zu Beginn Seitgalopp im Kreis mit gleichzeitigen halben Stabdrehwürfen.
2. Der Kleine Wasserfall
   Die Ausgangsstellung ist folgende: Der Stab wird an beiden Enden von oben gefasst und bei offenen, gestreckten Armen und aufrechter Körperhaltung unten vor dem Körper gehalten. Nun wird der Stab ohne Körperberührung mit gestreckten Armen nach oben über den Kopf und dann weiter in einem leichten Bogen über den Hinterkopf bis auf Schulterhöhe hinter den Rücken in die Waagerechte geführt. Dann

wird der Stab losgelassen und die Arme blitzschnell so nach unten geführt, dass die Hände den Stab mit den nach oben geöffneten Handflächen auffangen können. Dann wird der Stab über links mit der entsprechenden Hand in die Ausgangsstellung bewegt. Diese Rückführung des Stabes über die linke Körperseite gilt für alle Wasserfall-Übungen.

3. Der Große Wasserfall
   Diese Übung beginnt wie der Kleine Wasserfall. Diesmal wird der Stab aber losgelassen, wenn er bei gestreckten Armen oben knapp hinter dem Kopf angelangt ist. Die weiterhin gestreckten Arme beschreiben, während der Stab fällt, einen nach außen gerichteten großen Halbkreis.

4. Der Bagger-Wasserfall
   Die Ausgangstellung ist wie beim Kleinen Wasserfall. Beim Beginn der Übung macht ein Fuß einen Ausfallschritt nach vorn, und gleichzeitig beugt sich der Oberkörper bei gestreckten Armen so weit und tief nach vorne, dass der Stab fast den Boden berührt. Der andere Fuß bleibt dabei auf seinem Platz. Wenn der Stab dann bei gestreckten Armen nach oben und weiter über den Kopf wie beim Kleinen Wasserfall zur Schulter geführt wird, wird gleichzeitig der vordere Fuß mit einem Schwung neben den anderen gesetzt. Dann wird der Stab wie bei den Übungen vorher fallen gelassen und wieder nach vorn geführt.

5. Der Monster-Wasserfall
   Diese Übung beginnt wie der Große Wasserfall. Gleichzeitig mit dem Heben des Stabes geht jedoch ein Fuß einen normalen Schritt nach vorne. Dabei bewegt sich der Körper nach vorne, bis sein gesamtes Gewicht auf dem vorderen Bein ruht; der andere Fuß bleibt, gestützt auf die Fußspitzen, am Platz. Wenn dann der Stab wie beim großen Wasserfall von hoch oben herunterfällt, saust der Rumpf bei senkrechter

Haltung nach unten, bis sich das hintere Knie knapp über dem Boden befindet. Dann wird der Stab wieder hinten aufgefangen, das vordere Bein schnellt den Körper nach hinten in die Ausgangsstellung, und der Stab wird dabei über links nach vorne geführt.

6. Der Klatsch-Wasserfall
   Die Übung beginnt wie der Monster-Wasserfall. Der Stab wird dann aber über den Hinterkopf auf Schulterhöhe geführt und wie beim Kleinen Wasserfall losgelassen. Während nun der Rumpf wie beim Monster-Wasserfall senkrecht nach unten geht, sausen die Hände nach vorn, klatschen vor dem Körper zusammen, bewegen sich blitzschnell wieder nach hinten und fangen dort den Stab auf. Dann folgt die Rückführung des Stabes nach vorne.

7. Der Meister-Wasserfall
   Die Übung erfordert eine besonders hohe Bewegungsgeschwindigkeit. Der Unterschied zum Klatsch-Wasserfall besteht darin, dass der Körper sich während des Stabfalls nicht nach unten verlagert, sondern aufrecht bleibt, so dass die Zeit für die Bewegungskombination „Stab loslassen, Klatschen und Fangen" noch kürzer wird.

8. Der Kleine Wasserfall als Gemeinschaftsübung
   Die Schüler stehen in zwei geraden Reihen hintereinander. Alle, außer den beiden letzten, erhalten einen Stab und beginnen gleichzeitig den Kleinen Wasserfall. Jeder soll nun aber nicht seinen eigenen Stab auffangen, sondern den des Vordermannes. Nachdem jeder Schüler sich anschließend um 180° gedreht hat, wird die Übung wiederholt.

9. Als Schlussübung folgt der Stabdrehwurf-Wettbewerb.

Verlauf:
Die Schüler erschienen diesmal sehr aufgeregt zum Unterricht. In der Pause hatte es Streit gegeben, der sie noch beschäftigte.

Ich ließ die schon umgezogenen Schüler schnell in den Eurythmiesaal gehen, so dass die Streithähne noch in der Umkleide diskutierten, es bemerkten und dann schnell folgten. Ohne auf die Verspätungen einzugehen, da das ausführliche Sprechen über eine Sache unbewusst geübt wird, begann ich, während die letzten den Raum betraten, mit der Anfangsform. Das Miteinander war ziemlich chaotisch. Ich verzichtete auf eine Rückschau der Form, sondern ließ wieder von vorn beginnen. Nach dem ersten Bogen nach rechts stoppte ich die Schüler, ordnete alle, die zu weit außen oder innen waren, wieder in einen gemeinsamen Kreis, ließ den linken Bogen laufen und hielt wieder alle an. Jetzt gingen die drei Schüler, die außen geblieben waren von selbst in den gemeinsamen Kreis. Den geraden Weg zurück machte ich mit der Klasse langsamer. Dadurch bekam er eine gemeinsame Struktur. Alle waren jetzt mit der Aufgabe beschäftigt und hatten das Pausengeschehen hinter sich gelassen.

Um Ermüdungen zu vermeiden, ließ ich den Pianisten den Wechseltakt ohne Vorankündigung spielen. Die meisten waren überrascht und bemühten sich, in die Taktabfolge einzutauchen. Ich ließ die Musik stoppen und langsamer beginnen. Jetzt waren fast alle im musikalisch stimmigen Bewegungsablauf. Das Tempo steigerte sich zwar, blieb aber auf einem Niveau, das jedem ein konzentriertes Mitarbeiten erlaubte.

Danach erst begann ich mit der Vier-Wege-Raumform. Ich schaltete dieser Übung die Wechseltakte vor, um den Schülern die Scheu vor der für sie komplizierten neuen Form zu nehmen. Ich ließ, nach kurzer Erklärung, den ersten Weg nach innen langsam laufen, zur Konzentration anhalten, den Rückwärtsweg laufen, anhalten und dann die letzten Wege nach außen und innen in einem Zug laufen. Durch die Pausen hatten es alle Schüler mühelos umsetzen können. Danach wollte ich die vier Wege ohne Unterbrechung im normalen Tempo laufen lassen, aber bereits auf dem Rückwärtsweg hatten sich fünf Schüler vertan. Ich ließ anhalten, ging die

Abfolge nochmal mündlich durch und ließ beim nächsten Versuch die Musik etwas langsamer spielen. Jetzt konnten alle Wege eingehalten werden.

Der Impuls der Unterrichtsreihe

Ich ließ den Kreis weiten und erklärte: „Wer rote Kleidung anhat, holt die Stäbe." Nach kurzem Überlegen rannten sieben Schüler zum Stabkorb. Dort war ein Mädchen als erste angekommen. Sie brachte mir das Stabbündel. Ich warf den Schülern die Stäbe in gewohnter Weise zu. Dann leitete ich den Seitgalopp ein, indem ich auf jeden zweiten Sprung einen halben Stabdrehwurf vollführte. Die Schüler folgten einzeln mit jeweils einem halben Kreis Abstand.

Darauf folgten die „Wasserfall"-Variationen. Ich demonstrierte den Kleinen Wasserfall und ließ die Klasse ausführen. Bis auf zwei Schüler fingen alle den Stab. Die Übung wurde wiederholt. Nun lagen sogar drei Stäbe am Boden. Um die Konzentration zu steigern und gleichzeitig zu ermitteln, wie weit ich heute gehen konnte, sagte ich Folgendes an: „Fünf kleine Wasserfälle, bei den ersten beiden dürft ihr gefallene Stäbe aufheben, danach nicht mehr."

Wir führten die fünf Wasserfälle aus. Einige Stäbe fielen die ersten zwei Mal zu Boden und wurden aufgehoben. Dann legte ich eine kurze Pause im Ablauf ein, damit jedem klar wurde, dass jetzt nicht mehr aufgehoben werden durfte. Das erste Mal fingen alle. Es war ganz still im Saal. Auch beim zweiten Mal fiel kein Stab. Beim letzten Mal ließen ein Junge und ein Mädchen ihre Stäbe fallen.

Jetzt trat ich in den Kreis, um gut sichtbar zu sein und mit meinen Armen nicht die benachbarten Schüler zu treffen, und führte den großen Wasserfall vor. Dann wurde eine Runde gebildet, in der alle Schüler einzeln und zwar nacheinander vortraten und den „großen Wasserfall" durchführten. Bei der ersten Runde fingen nur fünf Schüler ihren Stab. Bei der nächsten Runde in Gegenrichtung waren schon zehn Schüler erfolgreich. Da die verbliebenen fünf Schüler entweder Angst hatten und/oder zu langsam waren, insistierte ich nicht weiter und leitete zum „Baggerwasserfall" über.

Ich demonstrierte ihn. Alle Schüler führten ihn mit mir gemeinsam aus. Einige hatten Schwierigkeiten, mit ihrem Stab dicht über den Boden zu kommen, andere kamen nicht mit einem Schwung in ihre Ausgangsstellung zurück, aber alle fingen ihren Stab. Einige waren sichtlich erleichtert, dass diese Übung lange nicht so schwer war wie die vorherige. Ich ließ nochmal wiederholen und bat dann, mit dem anderen Bein den Ausfallschritt zu machen. Nachdem auch diese Variation zweimal ausgeführt worden und kaum ein Stab gefallen war, kündigte ich den „Monsterwasserfall" an.

Ich führte die Übung allein aus, danach ließ ich die ganze Klasse in einem folgen. Obwohl ich diese Variation noch nicht sehr oft mit der Klasse geübt hatte, gelang sie fast allen. Insbesondere die Mädchen freuten sich über ihre Erfolge, da der hohe Stab und das ‚tiefe Heruntergehen' „gefährlich" aussahen. Etliche lachten, nachdem es gelungen war. Die Klasse wiederholte den Monsterwasserfall noch einmal gemeinsam.

Dann zeigte ich die nächste Übung, den „Klatschwasserfall". Wenn es dabei dem Ausführenden nicht gelingt, den Stab zu fangen, er ihn aber berührt, so fliegt der Stab oft durch den Schwung der Arme beim Weg von der vorderen zur Körperrückseite unkontrolliert nach hinten. Aus diesem Grund darf kein Schüler diese Übung vor dem Flügel mit dem Pianisten oder vor Gästen machen. Hinter allen befindet sich also nur die Saalwand.

Damit nun ausschließlich jene Schüler übten, die an diesem Morgen über die ausreichende Geschicklichkeit verfügten, ließ ich drei kleine Wasserfälle machen, bei denen kein gefallener Stab aufgehoben werden durfte. Zehn Schüler hatten das erforderliche Reaktionsvermögen. Die Anderen pausierten.

Ich trat etwas vor, demonstrierte den einfachen Klatschwasserfall. Dann begann der Schüler zu meiner Rechten. Von den zehn Schülern hatten vier den Stab gefangen. Beim zweiten Durchlauf in Gegenrichtung gab ich Korrekturen, wenn der Stab fiel, und ließ in diesem Fall die Übung wiederholen. Zusätzlich zu den Vieren, die jetzt wieder fingen, gelang es vier weiteren Schülern, die gegebenen Korrekturen umzusetzen.

Die „übrig gebliebenen" acht Schüler durften sich jetzt an die schwere Variante, den „Meister-Klatschwasserfall", wagen. Ich zeigte die Übung, dann hielt ich bei jedem Schüler während der Ausführung einen Kupferstab an seine Knie, so dass er hätte spüren können, wenn er zur Erleichterung etwas eingeknickt wäre. Während die acht Schüler den Meister-Klatschwasserfall nacheinander vormachten, verfolgte die Klasse still und gebannt das Geschehen. Drei Schüler schafften diese Wasserfall-Variante beim ersten Mal, ein Mädchen kam beim zweiten Durchgang dazu. Bei allen Vieren veränderte sich die Körperspannung, nachdem sie es geschafft hatten. Freude und gestärktes Selbstbewusstsein waren deutlich erkennbar.

Der Stabdrehwurfwettbewerb entfiel wegen der fortgeschrittenen Zeit. Also ließ ich zuerst die Mädchen, dann die Jungen ihre Stäbe mit dem „Regenschirm" einsammeln und ging zur Schlussminute über. Niemand musste lachen oder sich bewegen. Nach der Verabschiedung an der Tür zogen sich alle schnell um. Der Geräuschpegel war dabei normal. Die vor der Stunde aufgebauten Spannungen waren abgebaut.

Planung und Durchführung der dritten Stunde
Folgende Stabübungen sind für diese Stunde geplant:
Balancier-Variationen:
1. Grundübung: die Füße stehen eine Schulterbreite weit auseinander. Der Stab wird (für Rechtshänder) mit zwei Fingern der linken Hand am oberen Ende gehalten, so dass er senkrecht herunterhängt. Dann geht die Kuppe des Mittelfingers unter den Stab, die oberen Finger lassen los und der Stab wird nun auf dem vorderen Glied des Mittelfingers balanciert.

Diese und alle folgenden Variationen werden zuerst mit der „Lieblingshand" und dann mit der anderen ausgeführt. Ziel der Übung ist es, den Stab stets ruhig in der Senkrechten zu halten.

2. Auf die beschriebene Weise lässt sich der Stab auf jedem Finger balancieren. Dies gilt natürlich auch für die Finger der anderen Hand. Es wird mit dem Mittelfinger begonnen, weil er von allen Fingern mit drei Gliedern der kräftigste ist.

3. Grundübung (1): Nun transportieren die Finger der rechten Hand mit gegenseitiger Unterstützung, aber ohne äußere Hilfe, den Stab von einer Fingerkuppe zur anderen. Dabei darf die senkrechte Stellung des Stabes erhalten bleiben. Zuletzt landet der Stab auf dem Daumen.

4. Dann folgt die schwierige Daumenvariation: Der Stab wird senkrecht auf dem Daumen gehalten. Jetzt dreht sich der Unterarm um seine Längsachse zum Rumpf hin, bis die Handfläche senkrecht mit dem kleinen Finger oben ist. Hand und Arm bewegen sich dabei auf die rechte Körperseite (bei Rechtshändern) zu, der Handrücken zeigt nach vorne, die vier Finger sind um den Daumen, der innen unten den Stab hält, leicht gebogen. Für den Rückweg ist die entgegengesetzte Bewegung notwendig.

5. Grundübung (1.) bei gleichzeitigem Schreiten im Kreis.

6. Grundübung (1.) bei gleichzeitigem Seitgalopp (s. erste Unterrichtseinheit) die Körperfront ist dabei dem Kreismittelpunkt zugewandt.

7. Grundübung (1.) bei gleichzeitigem Vorwärtshüpfen.

8. Der Balancier-Drehwurf: Die Füße stehen hierbei etwas mehr als schulterbreit auseinander; der Stab wird auf dem Mittelfinger balanciert. Nun werden die Knie ein wenig gebeugt, der Stab wird mit entsprechendem Körper- und Armschwung so nach

oben in die Luft geworfen, dass er auf einer vor dem Körper sich parallel befindenden Fläche seitwärts eine halbe Drehung ausführt – vom Ausführenden gesehen gegen den Uhrzeigersinn (Rechtshänder). Dann wird er mit dem Balancierfinger bzw. mit der Handfläche aufgefangen und weiter balanciert. Beim Fangen geht der Körper etwas in die Knie, um den Schwung des Stabes abzufedern.

Verlauf:

Zur dritten Stunde erschienen alle Schüler ruhig und gefasst. Ich begann mit der Anfangsform. Da es nur leichte Unsauberkeiten im gemeinsamen Ablauf gab, bewegte ich mich nach dem Hin- sofort wieder auf den Rückweg. Als auch das gut gelang, ließ ich die Klasse das zweite Mal alleine die Form laufen. Der Pianist begleitete mit Improvisationen. Ohne meine Begleitung verlor sich in der zweiten Biegung der halben Acht der gemeinsame Bewegungsstrom. Beim geraden Weg auf den Anfangsplatz waren alle wieder zusammen. Ich ließ anhalten und den Hinweg wiederholen. Das gelang gut, und ich konnte zur Raumform mit den vier Wegen übergehen.

Der Pianist spielte jetzt das mit Auftakt gesetzte Stück „Gerade Wege" von Margarete Kempter aus „Begleitungen am Klavier für den Eurythmieunterricht"[16]. Um noch eine Möglichkeit der Schwierigkeitssteigerung zu geben, ließ der Pianist den Auftakt fort.

Ich ließ die Klasse alle vier Wege langsam durchlaufen und gab währenddessen mündliche Hilfen. Auch diesmal liefen alle Schüler unerwartet sicher. Als sich auf einigen Gesichtern die Stimmung „kennen wir doch schon, ist langweilig" abzuzeichnen begann, gab ich der Klasse die Anweisung, die gleichen Wege hin- und wieder zurückzulaufen. Sofort veränderte sich die Stimmung, fast alle waren jetzt konzentriert und mussten mitdenken, um Fehler zu vermeiden.

---

[16] Kempter, Margarete: Begleitungen am Klavier für den Eurythmieunterricht Otanes Verlag 1999.

Ich ließ den Hinweg laufen, anhalten und dann die letzten beiden Wege rückwärtslaufen. Zwei Schüler gingen weiter nach vorne, einige gingen mit kleinen Schritten zurück, andere mit großen. Es gab Zusammenstöße und Unruhe. Als alle wieder in gleichen Abständen auf einem großen Kreis standen, ließ ich die Schüler langsam den letzten Weg zurückgehen, stoppte, ordnete neu und ging dann an den nächsten Weg. Danach standen fast alle relativ gut auf dem inneren Kreis. Ich fragte, wohin wir jetzt weiterzugehen hätten. Mehrere wussten sofort, dass es der Weg nach vorne war. Ich lobte, ließ die vier Schritte ausführen, danach den letzten Weg nach hinten außen. Um die Klasse nicht zu überanstrengen und frisch für die Stabübungen zu halten, spielte mein Pianist auf mein Zeichen sofort den Wechseltakt. Ich blieb dabei stehen, die Klasse auch. Die Musik stoppte, ich machte die Taktbewegungen mit den Beinen ohne Musik, ließ sie weiterhin ohne Musik von der Klasse allein wiederholen, trat nach hinten, gab dem Pianisten das Zeichen, weiter zu spielen, und die Schüler begannen ohne mich. Wie vorher mit dem Pianisten verabredet, spielte er etwas langsamer als sonst. Über die Hälfte der Schüler kam sofort in den stimmigen Bewegungsablauf, die Unsicheren orientierten sich an ihnen. Nur vier Schüler kamen nicht zurecht. Ich trat, während die Klasse weiter taktierte, in den Kreis, machte mit, ließ etwas schneller spielen, gab denen, die nicht zurechtkamen, mündliche Hilfestellungen und beendete diesen Unterrichtsabschnitt. Auch hier hatten viele heute Fortschritte gemacht.

Der Impuls der Unterrichtsreihe

„Die Stäbe holt, wer… Karos auf der Kleidung hat". Ein kurzes Überlegen in der Klasse, dann rannten zwei Mädchen los. Diejenige, die den etwas weiteren Weg hatte, war schneller und brachte mir das Kupferstabbündel. Ich ging innen im Kreis herum und warf jedem Schüler einen Stab zu. Ich begann mit der Grundübung, und die Klasse ahmte sie sofort nach. Damit niemand durch den Saal lief, um die Bewegungen des Stabes beim Balancieren auszugleichen, und dabei an seine Nachbarn stieß, galt auch heute folgende Regel: Die Füße stehen in Schulterbreite auf dem Boden und dürfen nicht bewegt werden. Wie gewohnt, gab es keine großen Schwierigkeiten.

Sofort begann ich, den Stab vom Mittelfinger zu Zeige- Ring- und kleinen Finger „wandern" zu lassen. Im Anschluss ließ die Schüler ohne mein Mitwirken üben. Die sechs besonders Geschickten waren sofort mit ihrer „Lieblingshand" erfolgreich und versuchten sich mit mehr oder weniger Erfolg an den Fingern der anderen Hand. Die anderen Schüler waren damit beschäftigt, ihren Stab von der Ausgangsstellung auf die übrigen Finger zu verschieben. Ich ließ alle ungefähr zwei Minuten üben und brach ab, als die erstaunlich hohe Motivation nachließ.

Jetzt demonstrierte ich der Klasse die zwei Daumen-Balancierübungen. Anschließend konnten die Schüler daran üben. Den Stab gerade auf den Daumen zu bekommen war, bis auf zweien, allen Schülern möglich. Die Hand mit dem Stab auf dem Daumen zu drehen schafften diesmal aber nur drei Schüler. Ich zeigte nochmal beide Versionen und ließ dann nur noch eine kurze Zeit üben, da kaum Fortschritte zu verzeichnen waren. Nach meiner Erfahrung ist es besser, in jeder Stunde, dann aber nur kurze Zeit, zu üben. Die Übung bleibt dadurch aktuell und interessant, und mit der Zeit bildet sich die neue Geschicklichkeit heraus.

Jetzt nahm ich meinen Stab, setzte ihn wieder auf den Mittelfinger und ging damit den weitest mögliche Runde im Kreis der Schüler. Bei dieser Aufgabe ist es mir wichtig, dass der Ausführende ein gleichmäßiges Tempo beibehält, auch wenn der Stab nicht immer auf dem Finger bleibt. Die meisten Schüler fangen ihn dann im Gehen, setzen ihn wieder auf den Finger und balancieren weiter. Ansonsten besteht die Gefahr, dass die Schüler zwecks Ausbalancierens stehen bleiben, rückwärts oder zur Seite gehen. Das schafft Unruhe und verhindert durch das Herausfallen aus der Bewegung der Füße einen schnellen Erfolg.

Jetzt folgten mir die Schüler mit einem halben Kreis Abstand. Zehn hatten dabei kein Problem, Dreien fiel der Stab mehrmals von der Hand, und zwei mussten ihn fast die ganze Zeit festhalten.

Dann balancierte ich wieder auf dem Mittelfinger, bewegte mich jetzt aber im Seitgalopp auf dem Innenkreis. Um dies zu schaffen, muss der Stab mit seiner Spitze leicht nach vorne und nach innen gehalten werden.

Bei dieser Aufgabe folgten die Schüler mit einem ganzen Kreis Abstand. Über die Hälfte hielt den Stab zu gerade, so dass er mit der Spitze nach hinten wegflog. Ich korrigierte oft; wenn dann der Stab genügend nach vorne gestellt war, fiel er wieder nach einem dreiviertel Kreis, weil er zu wenig nach innen gehalten worden war. Ohne Probleme schafften es diesmal vier Schüler. Als ich diese Übung nach links in die Gegenrichtung wiederholen ließ gelang es auch einer Schülerin. Dagegen fiel einem der in der vorherigen Runde erfolgreichen Vier der Stab zu Boden.

Jetzt kam die Hüpfvariation. Damit die Beinmuskulatur gekräftigt und gelockert wird, verlange ich beim Hüpfen immer, dass der Fuß in der Luft senkrecht neben dem Knie ist. Durch die starke Beschleunigung beim Hüpfen muss man ein ausgesprochen sicheres Gefühl für den balancierten Stab haben.

Ich ließ immer dann den nächsten Schüler beginnen, wenn sein Vorgänger fertig war. Den fünf Schülern, die vorher erfolgreich waren, gelang es auch bei dieser Übung. Alle anderen hatten sehr große Probleme, den Stab aufrecht zu halten. In der Gegenrichtung blieb das Ergebnis wieder gleich.

Zum Abschluss des Balancierens ließ ich die besonders Begabten den Balancierdrehwurf probieren. Ich machte ihn dreimal vor und fragte dann nach Freiwilligen, die ihn versuchen wollten. Die sechs Besten meldeten sich sofort, und jeder von ihnen hatte drei Versuche. Zwei schafften es sofort, zwei beim zweiten Mal und einer beim dritten. Jetzt meldeten sich noch mehr. Ich wählte vier andere aus, von denen es einer beim zweiten Mal schaffte. Dann beendete ich die Aufgabe, auch wenn es Protest von den Schülern gab. Meine Erfahrung ist nämlich jene, dass man nicht besser wird, wenn man diese Übung zu oft hintereinander übt.

Da die Klasse heute ungewöhnlich konzentriert war, änderte ich den Ablauf und ging zu einer sehr schwierigen Übung über. Ich rief sechs bewegungsmäßig Begabte in die Mitte des Kreises und ließ die Übrigen sitzen. Die Schüler sollten sich zu zweit zusammenstellen, und jedes „Paar" bekam nur einen Stab. Die Aufgabe war der Balancierdrehwurf zu zweit (ein Ergebnis der Zusammenarbeit mit meiner ehemaligen Kollegin Rachel Schmid). Ein Schüler balancierte den Stab, warf ihn drehend nach oben zur Seite, und der Nachbar musste ihn fangen. Dies ist die schwierigste Stabübung, die ich kenne. Jedes Paar hatte wieder drei Versuche frei. Es herrschte gespannte Stille im Raum. Das dritte Paar schaffte es tatsächlich beim zweiten Versuch. Der Eine jubelte, der Andere blieb altersgemäß „cool". Die anderen beiden Paare nahmen ihre „Misserfolge" gelassen hin.

In der Schlussminute standen alle Schüler ruhig und konzentriert da.

Planung und Durchführung der vierten Stunde

Vorgesehen ist der Stabwurf als Gemeinschaftsübung

1. Stabwurf im Kreis: Die Klasse teilt sich in zwei Hälften. Die eine Hälfte bildet einen großen Kreis, die andere darin einen kleineren. Die Schüler im inneren Kreis schauen nach außen, die im äußeren Kreis nach innen, so dass jeder ein Gegenüber im jeweils anderen Kreis hat.

   Nun erhalten alle Schüler einen Stab. Sie nehmen ihn in die rechte Hand, werfen ihn von da aus gleichzeitig in ihre linke, dann wieder in ihre rechte und zuletzt in die linke Hand ihres Gegenübers. Wichtig für das Gelingen ist, dass alle möglichst einen gemeinsamen Wurf-Rhythmus finden. Dann wird diese Übung, ausgehend von der linken Hand, in der sich nun der Stab befindet, wiederholt.

Danach sollen die Schüler im großen Kreis einen Platz nach rechts weitergehen. Damit steht jedem ein neuer Partner gegenüber. In dieser veränderten Anordnung soll wieder die geschilderte Wurfübung gemacht werden. Das wird so lange wiederholt, bis jeder Schüler auf sein ursprüngliches Gegenüber trifft.

2. Stabwurf im Quadrat: Je vier Schüler stehen auf den Eckpunkten eines Quadrates. Wurfpartner sind die jeweils sich diagonal gegenüberstehenden Schüler. Nach den oben beschriebenen Handwechseln sollen sich die beiden Partner die Stäbe gegenseitig zuwerfen. Da sich die Wurfspuren der Stäbe in der Mitte kreuzen, würden sich bei gleichzeitigen Würfen die Stäbe treffen. Um dies zu verhindern, werfen die beiden Schülerpaare ihre Stäbe zeitlich versetzt. Während die Musik permanent den Rhythmus kurz-kurz-lang spielt, macht das eine Schülerpaar auf die Kürzen die Handwechsel und auf die Länge den Wurf, die anderen Beiden werfen auf die beiden Kürzen und machen auf die Länge die beiden Handwechsel.

3. Stabwurf im Fünfstern: Je fünf Schüler stehen mit gleichen Abständen auf einem Kreis, bzw. sie bilden die Endpunkte eines Fünfsterns. Die Schüler sollen sich nun in der üblichen Abfolge den Stab nacheinander zuwerfen, so dass dabei das ‚Wurfbild' eines Fünfsterns entsteht. Wenn die Schüler die Abfolge sicher beherrschen, erhält jeder einen Stab. Jetzt soll die ganze Gruppe gleichzeitig ihre Stäbe werfen. Anmerkung: Wenn die Stäbe nicht exakt gleichzeitig und senkrecht fliegen, stoßen sie aneinander und fallen unkontrolliert zu Boden. Die Schüler müssen ihren Stab in die richtige Richtung werfen und sich dann blitzschnell zum Fangen des bereits aus einer anderen Richtung auf sie

zufliegenden Stabes umstellen. Um trotzdem eine gewisse Ruhe in die Übung hineinzubringen, soll jeder Schüler seinen Stab in einem leichten Bogen ‚über oben' werfen, damit bleibt ein bisschen mehr Zeit zum Reagieren. –

Der Verlauf:

Die Klasse kam relativ spät zum Unterricht. Zwei Jungen stritten und schubsten sich, so dass ich dazwischen gehen musste. Beim Eintritt in den Saal wurde weiter gestritten. Zusätzlich kam ein Junge zu spät – er hatte Probleme mit seiner Freundin aus der Parallelklasse.

Bei der Anfangsform passten viele nicht auf, es gab Rempeleien und Schimpfworte. Ich ließ die Schüler auf ihren Anfangsplatz zurückgehen und lief die Form mit allen sehr langsam. Jetzt gelang der Ablauf, aber viele waren noch immer abgelenkt. Deshalb ging ich sofort zum Wechseltakt über. Ich ließ die Mädchen sich setzen, die Jungen einen halben Schritt vortreten und begann ohne Musik die Bewegungsabfolge des Wechseltaktes. Die Jungen machten sofort mit, wenn auch etwas zögerlich. Ich ließ den Pianisten das Tempo allmählich beschleunigen. Mit zunehmender Geschwindigkeit konzentrierten sich die Schüler besser. Das Tempo wurde beibehalten, und ich ließ die Jungen sehr lange üben. Dann durften sich die drei besten setzen. Diese waren stolz auf ihre Leistung und schauten zu, wie die Übrigen noch einmal von mir gefordert wurden. Diese bemühten sich, wurden ein bisschen genauer, schafften es aber nicht, exakt im Takt zu bleiben.

Ich gab ihnen das Zeichen zum Setzen und den Mädchen das zum Aufstehen. Fünf waren sofort im Takt, ein Mädchen – es war noch nicht lange an unserer Schule – konnte ihre Bewegungen noch nicht mit der Musik koordinieren, das andere hatte konstitutionell motorische Schwierigkeiten.

Die Jungen standen wieder auf, ich machte mit allen die vier Wege auf die Musik „Gerade Wege", verzichtete aber auf den Rückweg, da die Jungen immer noch nicht so weit anwesend waren wie in den letzten Stunden. Das Pausengeschehen wirkte immer noch nach.

Der Impuls der Unterrichtsreihe

Mit den Worten: „Die Stäbe holt, wer – eine Brille trägt" leitete ich zu den Stäben über. Ein Mädchen brachte sie mir. Nachdem sie verteilt worden waren, ließ ich die Mädchen zwei Schritte nach innen gehen, nach außen gucken und sich mit diesem Abstand vor je einen Jungen stellen. Jeder fasste seinen senkrechten Stab mit der rechten Hand in der Mitte an und warf auf meine Worte „Kurz Kurz" den Stab auf kurzem Wege in die linke und dann wieder in die rechte Hand. Auf mein Wort „Lang" flog der Stab im hohen Bogen in die eigene linke Hand. Dann wurde alles wiederholt, jetzt aber mit der linken Hand angefangen.

Nach dreimaligem Üben sah es gut aus, und die Aufgabe wurde jetzt so abgeändert, dass der Stab bei „Lang" zum gegenüberstehenden Partner fliegen sollte, der dann mit der „Nichtwurfhand" den ankommenden Stab zu fangen hatte und mit dieser Hand dann wieder begann. Es wurde laut. Als ich aber um Ruhe bat, wurde es leiser, nach dem nächsten Wurf aber wieder laut. Bis auf zwei Paare hatten alle die Stäbe gefangen. Ich schaute nach, ob alle den Stab jetzt links hielten, korrigierte bei drei Schülern, die nach dem Fangen unbewusst die Hand gewechselt hatten, und ließ weiter werfen.

Nach vier Würfen waren die meisten sicher, und ich sagte: „Die Äußeren einen Platz weiter nach rechts". Bei den beiden unsicheren Mädchen musste ich immer etwas aufpassen, dass die gegenüberstehenden Jungen nicht zu hart oder zu hoch warfen. Sonst war es für alle eine spannende Herausforderung, sich immer wieder auf jemand anderen einstellen zu müssen.

Dann setzten sich die Schüler in einen großen Kreis, und ich fragte nach vier Freiwilligen. Unter den sich meldenden Schülern suchte ich acht heraus, und ließ vier davon in den Kreis treten und ein Quadrat mit einer Seitenlänge von vier Metern bilden. Ich übte mit den beiden sich gegenüberstehenden Schülerpaaren das Werfen im Gegenrhythmus.

Dabei begleitete der Pianist mit improvisiertem Spiel. Nachdem die ersten beiden sicher im Ablauf waren, übte ich mit den zwei anderen. Als auch sie sich ‚eingeworfen' hatten, platzierte ich die zwei Paare über Kreuz. Ich erinnerte das zweite Paar nochmal daran, dass sie sofort zu werfen hatten, und gab dem Musiker das Zeichen. Viermal ging es gut, immer flog ein Stab je eines Paares durch die Luft, dann brach ich ab und ließ die nächsten vier Schüler üben. Diesmal gab es schon beim zweiten Mal eine Rhythmusverschiebung, und die Stäbe stießen in der Luft zusammen. Als es dann beim zweiten Versuch dreimal gelang, beendete ich diese Übung und nahm jetzt fünf Schüler, drei neue und zwei, die beim ersten Viereck mitgemacht hatten.

Die Schüler stellten sich im Fünfstern auf und begannen die übliche Abfolge mit einem Stab. Als alle sicher waren, bekam jeder einen Stab, ich gab ein klares Kommando, die fünf Stäbe flogen durch die Mitte, ohne sich zu berühren, und wurden von vier Schülern gefangen. Ein Schüler griff also daneben. Beim zweiten Versuch stießen drei Stäbe zusammen, weil ein Schüler zu spät geworfen hatte, beim dritten Mal klappte alles, denn jeder hatte gefangen. Ich ließ jetzt die Schüler einen kleinen Schritt nach hinten machen, so dass die Entfernung größer wurde, und ließ sie wieder werfen. Wieder klappte es. Ich sagte: „Noch drei Mal versucht ihr, weiter so gut zu werfen". Es klappte alle drei Male, während die ganze Klasse vollkommen ruhig, aber auch gespannt zusah.

Zum Abschluss folgte noch der Stabdrehwurfwettbewerb. Diesmal schafften es vier Schüler bis zum Schluss, fingen also den Stab auch drei Mal nach je zwei Umdrehungen.

Nach der Schlussminute, bei der immer wieder Unruhe aufkam, zogen sich alle um und gingen in die Pause.

Planung und Durchführung der fünften Stunde
Folgender Ablauf ist geplant:

1. Die Schüler stellen sich je zur Hälfte in zwei Reihen hintereinander auf. Beide Reihen stehen mit geringem Abstand zueinander, und alle Schüler schauen nach vorne zum Lehrer. Der jeweils erste Schüler der beiden Reihen hält einen Stab vor seinem Körper auf den nach vorne gerichteten Handflächen; die Arme sind nach unten leicht gestreckt. Nun führt er die gestreckten Arme mit leichtem Schwung nach oben in die Senkrechte. Dort verlässt der Stab durch den Schwung der Bewegung die Hände, fliegt im leichten Bogen nach hinten und wird vom dahinterstehenden Schüler aufgefangen. Der wirft ihn in der beschriebenen Weise weiter zu seinem Hintermann, und so wandert der Stab durch die jeweilige Reihe vom ersten bis zum letzten Schüler. Wenn der Stab beim letzten der Reihe angekommen ist, drehen sich alle Schüler um 180° und beginnen den nächsten Durchgang in der Gegenrichtung.

2. Erste Steigerung: Nun werfen die beiden ersten Schüler einer Reihe je einen Stab gleichzeitig; es gibt also bei jedem Wurf einen Schüler, der einen Stab nach hinten werfen und danach sofort den Stab seines Vordermannes fangen muss. Diese Aufgabe wandert von Schüler zu Schüler. Eine Ausnahme ist jeweils der letzte. Hier kann ein unsicherer, bzw. reaktionsschwacher Schüler hingestellt werden.
Wenn die beiden letzten Schüler einer Reihe ihren Stab aufgefangen haben, sollen sich alle Schüler wiederum um 180° drehen und die Übung nach derselben Regel weiterführen. Sobald die Ausführenden sicher und genügend geistesgegenwärtig sind, wird die Übung mit jeweils einem Stab mehr pro Durchgang in gleicher Weise fortgesetzt, bis alle, außer dem letzten, einen Stab haben. Aus dem Ablauf ergibt sich, dass sich nach jedem Wurf jeder Schüler umdrehen und

ununterbrochen werfen und fangen muss. Das Tempo des Übungsablaufes wird bis zur ‚aktuellen Reaktionsgrenze' gesteigert.

3. Zweite Steigerung: Die Klasse steht mit dem Lehrer in einem großen Kreis, alle schauen in die gleiche Richtung. Der Lehrer wirft den einzigen Stab, wie in der voranstehenden Übung, nach hinten. Der Hintermann fängt den Stab auf und wirft ihn in gleicher Weise nach hinten weiter usw. So wandert der Stab durch den ganzen Kreis. Wegen der kreisförmigen Aufstellung der Schüler muss die Wurfrichtung der Stäbe immer um einen kleinen, zur Kreismitte gerichteten Winkel von der direkten nach hinten liegenden Wurfrichtung abweichen. Die äußere Hand muss also immer etwas mehr Schwung geben, als die innere. Anmerkung: Auch bei dieser Kreisübung lässt sich der Schwierigkeitsgrad auf verschiedene Weise erhöhen: Durch schrittweise Vermehrung der Stäbe, durch Steigerung des Tempos und durch Drehen aller Schüler um 180°, und zwar auf Zuruf. Durch Kombinieren und Staffeln der Herausforderungen können diese Übungen der Kompetenz einer Klasse angepasst werden.

4. Zum Ende können die Schüler eigene Ideen für neue Stabübungen erproben.

Der Verlauf:

Diesmal war die Klasse wieder ruhig. Die Anfangsform – hin und zurück – bereitete keine Probleme.

Auch die vier Wege zwischen den zwei Kreisen gelangen den Meisten ohne Probleme, und die Unsicheren konnten sich problemlos an den anderen orientieren. Beim Formrückweg waren zwei Wiederholungen notwendig, dann gelang auch er. Jetzt gab ich die Aufgabe: „Lauft die vier Wege nochmal hin und dann spiegelt die Form weiter nach vorne." Zwei Schülern gelang es auf Anhieb, die anderen waren etwas ratlos. Ich ließ erst mal die Letzten zwei Hinwege spiegeln, also nach den vier

Wegen weiter nach vorn außen und dann nach innen. Durch diesen Anfang kamen viele auf die Lösung: „Innen nach hinten und dann nach außen!"

Den Wechseltakt begann ich langsam und ließ ihn dann allmählich steigern, bis der Pianist fast an seine Grenze kam. Sechs Schüler schafften es mitzuhalten. Ich wiederholte den Ablauf, aber es blieb bei den sechs, auch wenn sich die anderen sehr bemühten.

Der Impuls der Unterrichtsreihe

Die gute Arbeitsstimmung aufgreifend, verteilte ich sogleich die Stäbe, ließ die Mädchen außen sitzen und verteilte die sieben Jungen in einer langen Reihe durch den Raum, so dass sie alle in Richtung auf den Vordersten schauten.

Dann stellte ich mich mit dem Rücken zum Vordersten in ca. 80 cm Abstand, nahm meinen Stab unten in die nach vorne „schauenden" Hände, hob in mittlerem Tempo die Arme und ließ oben den Stab los. Durch den kleinen Schwung flog er nach hinten, wo ihn der Schüler hinter mir auffing. Ich wiederholte das und ließ dann den Stab von jedem Schüler nacheinander nach hinten werfen. Manche warfen zu weit oder zu stark, manche gaben so wenig Schwung, dass sie Gefahr liefen, vom eigenen Stab am Kopf getroffen zu werden. Ich korrigierte, und als es lief, gab ich dem zweiten von vorn auch einen Stab. Die zwei Stäbe flogen durch die ganze Reihe, dann ließ ich die Jungen sich um 180° drehen und die Reihe zurückwerfen. Dies war für die Klasse sehr aufregend, und die Erleichterung, wenn es geklappt hatte, war deutlich erkennbar.

Dann gab ich zwei weitere Stäbe aus, jetzt flogen immer vier gleichzeitig. Danach verteilte ich an die restlichen Schüler, außer an den letzten, je einen Stab. Jetzt musste nach jedem Wurf gedreht und dann in die Gegenrichtung geworfen werden. Die Jungen schafften sechs Durchgänge.

Daraufhin tauschten sie mit den Mädchen und setzten sich nach außen. Bei den Mädchen stellte ich die zwei unsicheren Schülerinnen ans Ende und an den Anfang der Reihe, damit sie etwas Zeit hatten, sich innerlich vorzubereiten. Als der

erste Stab flog, gab es bei den beiden tatsächlich Schwierigkeiten: Die eine warf viel zu kurz und die letzte, die nach dem
Umdrehen als erste zurückwarf, nahm zu viel Schwung. Ich
übte mit beiden erst einzeln und dann zu zweit, bis sie ihre
Technik verbessert hatten. Während der ersten drei
Durchgänge fielen immer wieder Stäbe, danach gelang ein
Durchgang. Alle freuten sich, und ich gab zwei Stäbe
zusätzlich aus. Als damit der zweite Durchgang gut lief,
bekamen alle sechs vorderen ihren Stab. Ich gab langsame,
deutliche Anweisungen, wann geworfen werden sollte, und es
klappte zum Erstaunen aller Beteiligten gleich dreimal. Das
war so gut, dass ich diese Übung abbrach, da es nach meiner
Erfahrung nicht besser hätte werden können.

Nun ließ ich alle sich wieder in den großen Kreis stellen, 90°
nach rechts drehen, den Stab zur Seite auf den Boden legen
und dann warf ich, nach kurzer Vorwarnung, meinen Stab
nach hinten zum Schüler hinter mir. Der warf wiederum nach
hinten usf. Da alle richtig nach schräg hinten warfen, warf ich
beim zweiten Durchgang gleich einen zweiten Stab hinterher.
Beide Male gingen so gut (es gab nur zwei Schüler, die
Schwierigkeiten hatten), dass beim dritten Durchgang alle
einen Stab bekamen. Jeder musste jetzt werfen und dann sofort
fangen. Beim ersten Mal fielen drei Stäbe, dann fünf, dann
einer und beim vierten Mal fingen alle. Danach ließ ich die
Klasse sich nach innen drehen und bemerkte, dass die meisten
Schüler angespannt, selbstbewusst und gleichzeitig zufrieden
aussahen.

Ich ließ sie alle zur Entspannung kurz sitzen und erklärte ihnen
die nächste Aufgabe: Sie sollten mit ihren Stäben selbst neue
Übungen finden. Darauf begannen fast alle zu improvisierten.
Sie versuchten, Neues zu finden, übten aber erst einmal das
Vertraute – den Stabdrehwurf. Sofort wurde es sehr laut und
unruhig. Ich versuchte die wenigen Schüler, die tatenlos
herumstanden, zu aktivieren und beobachtete die anderen. Die
Unruhe nahm zu, auch wurden weiterhin bekannte Übungen
erprobt. Die Schüler waren mit der Aufgabenstellung

überfordert, außerdem überrascht, mit Derartigen konfrontiert zu werden.

Da die Stunde bald zu Ende war, ließ ich die Stäbe mit den „Regenschirmen" einsammeln, begann die Schlussminute und verabschiedete alle an der Tür. Obwohl alles gut ablief, blieb eine gewisse Unruhe bestehen.

Planung und Verlauf der sechsten Stunde
Geplant sind folgende Übungen:

1. Der Stabdrehwurf: siehe erste Stunde.
2. Der Stabrückwurf (die Umkehrung der Drehrichtung gegenüber dem Stabdrehwurf). Die Wurfhand hält ein Ende des Stabes vor dem Rumpf ca. in Bauchnabelhöhe. Der Stab zeigt fast senkrecht nach oben – bei leichter Tendenz zur Abwendung vom Körper. Nun bewegt sich die Hand nach oben und gibt dem Stab einen solchen Schwung, dass er sich nach dem Verlassen der Hand der Länge nach vom Körper wegdreht. Nach einer, von der Schwungkraft abhängigen Anzahl von Drehungen wird er wieder von der Wurfhand aufgenommen.
3. Der Stabwanderwurf: Die Schüler stehen im kleinen Kreis eng nebeneinander. Jeder Schüler hält einen Stab in seiner linken Hand und führt einen halben Stabdrehwurf in seine rechte Hand aus. Dann wirft er den Stab, wiederum mit einer halben Drehung zum rechten Nachbarn weiter. Der fängt mit seiner linken Hand, wirft in seine rechte usw. Da alle Schüler diesen Bewegungsablauf gleichzeitig ausführen, wandern alle Stäbe mit halben Umdrehungen im gleichen Takt von Hand zu Hand durch den Kreis. Dabei muss jeder Schüler nach dem Wurf Sekundenbruchteile später den Stab seines Nachbarn auffangen. Da der nächste Wurf in die eigene andere Hand geht, folgt immer auf eine angespannte Phase eine entspannte.

4. Stabdrehwurf, bei dem sich in jeder Hand ein Stab befindet, also gleichzeitig mit beiden Händen geworfen wird.
5. Stabrückwurf gleichzeitig mit beiden Händen und zwei Stäben.
6. Gleichzeitiger Stabdrehwurf mit der einen und Stabrückwurf mit der anderen Hand.
7. Raum für die Erfindung eigener Stabübungsideen.

Der Verlauf:

Auch in dieser Stunde erschien die Klasse ruhig und gesammelt zum Unterricht. Diesmal fehlten aber drei Jungen.

Die Anfangsform ging so gut, dass ich sie rasant laufen ließ. Nach zwei kurzen Korrekturen gelang es allen. Bei den vier Wegen wurde der Anfang und dann, nach einer kurzen mündlichen Wiederholung meinerseits, die Spiegelung gelaufen. Nachdem dies beim zweiten Mal gelungen war, ließ ich alle acht Wege rückwärtslaufen. Fünf Schüler hatten damit keine Schwierigkeiten, für die anderen war es noch zu kompliziert. Beim Wechseltakt ließ ich das Tempo schrittweise anziehen, um dann schnell zu verlangsamen. Alle, die mit der hohen Geschwindigkeit Probleme hatten, fanden am Ende ihre Sicherheit zurück.

Der Impuls der Unterrichtsreihe

Nun ließ ich die Stäbe von jemandem holen, der „eine Brille aufhat und kein Mädchen ist", und verteilte die Stäbe durch Zuwerfen.

Ich begann mit halben Stabdrehwürfen und machte mit der Klasse zwanzig hintereinander. Fast die Hälfte schaffte es, ohne dass der Stab auch nur einmal fiel.

Dann ging ich sofort weiter zum Stabrückwurf. Er fiel einigen Schülern schwerer, da hier nicht nur eine Handkippbewegung vonnöten ist, sondern der ganze Arm bewegt werden muss. Ich musste dreien trotz richtiger Handhaltung helfen, dann wurden zehn halbe Stabrückwürfe gemacht. Diesmal fielen acht Stäbe zu Boden. Ich wiederholte die Runde mit nur fünf Würfen. Diesmal blieben immer noch sechs Stäbe auf dem Boden.

Ich beließ es dabei, da der Üb-Prozess zu viel Zeit gekostet hätte, und leitete zum Stab-Wanderwurf über. Die Klasse stand jetzt eng im Kreis, und ich ließ zuerst im Abstand von sieben Schülern nur einen Stab kreisen. Für fast alle war es schwierig, mit der rechten Hand zum Nachbarn zu werfen. Meistens war der Wurf zu kurz oder zu weit, manchmal flog der Stab auch nach vorne statt zur Seite. Ich ließ die Stäbe zwei Mal kreisen, dann hatten die meisten ihre Wurftechnik verbessert. Jetzt bekam jeder einen Stab. Ich gab sehr präzise Einsätze, aber über die Hälfte der Schüler schaffte es nicht. Nach jedem Wurf unterbrach ich, ließ die heruntergefallenden Stäbe aufheben und setzte neu an. Das beste Ergebnis waren drei Würfe hintereinander, ohne dass ein Stab fiel.

Jetzt bat ich jeden zweiten Schüler, von seinem linken Nachbarn den Stab zu nehmen. Ich besorgte mir einen zweiten, nahm in jede Hand einen Stab und machte mit beiden je einen halben Stabdrehwurf gleichzeitig. Dann ließ ich jeden Schüler, der zwei Stäbe hatte, einzeln üben. Vier schafften es sofort, zwei beim zweiten Mal, einer beim dritten Mal. Dann machte ich mit den beiden Stäben einen halben Stabrückwurf, auch mit beiden Stäben gleichzeitig. Die Schüler kamen jetzt in Gegenrichtung einzeln dran. Drei schafften es sofort, die anderen Vier beim dritten Mal. Jetzt ließ ich die Stäbe nach links weitergeben und ließ die anderen Schüler den halben Stabdrehwurf mit zwei Stäben gleichzeitig machen. Zwei schafften es nicht, die Stäbe wirklich parallel zu werfen, deshalb stießen sie immer in der Luft zusammen und fielen zu Boden. Die anderen schafften es im zweiten Durchgang.

Zur Entspannung ließ ich alle Schüler sich auf den Teppich setzen, nahm zwei Stäbe und machte jetzt mit links einen halben Stabdrehwurf und gleichzeitig mit rechts einen halben Stabrückwurf. Ich wiederholte die Übung und fragte dann, wer es versuchen wolle. Zehn meldeten sich sofort. Ich ließ sie üben, aber keiner schaffte es. Dann übte ich mit ihnen, indem jeder zuerst in seiner „Nichtlieblingshand" immer wieder einen halben Stabdrehwurf erprobte und dann mit der anderen

Hand, so oft wie möglich, einen halben Stabrückwurf. Jetzt hatten sich beide Hände auf je eine Wurfart eingespielt. Dann versuchte es jeder allein. Drei schafften es und waren sichtbar stolz.

Jetzt ließ ich alle Schüler aufstehen und ermutigte sie, neue Stabübungen zu finden. Diesmal war die Klasse nicht mehr überrascht und ging sofort ans Üben. Ein Junge und ein Mädchen hatten keine Ideen und übten nur das normale Balancieren und den Stabdrehwurf, aber alle anderen waren erstaunlich aktiv. Sie wandelten Stabvariationen ab. Dabei verloren fast alle ihren altersgemäß „coolen" Gesichtsausdruck und zeigten Begeisterung, Spannung, Freude über Gelungenes und Interesse, wenn ich einzelne lobte.

Zwei neue, mit bis dahin unbekannte Übungen entstanden in dieser Stunde:

Eine Schülerin balancierte den senkrechten Stab auf ihrem Fuß, kickte ihn hoch und fing ihn waagerecht auf ihren nach vorne gehaltenen Fingern: Die Ausgangsstellung für den Stabseitwurf. Später versuchte sie einen Hüpfer, als ihr Fuß den Stab hochwarf.

Eine Andere balancierte ihren Stab mit in Schulterhöhe gehaltenem Arm auf dem Ellbogengelenk. Später versuchte sie den Balancierdrehwurf mit der anderen Hand zu fangen.

Ein in dieser Klasse relativ neuer Schüler versuchte beim Stabseitwurf den Stab in unablässiger Bewegung zu halten, ein anderer versuchte durch Schlagen mit einer Hand dicht neben der Stabmitte den Stab quer vor seinem Körper andauernd in der Luft zu drehen. Ein Nachbar machte das Gleiche, während der Stab wie beim Drehwurf auf seinen Körper zeigte. Eine Schülerin, die relativ neu in der Klasse war und seit kurzem durch ihre sich allmählich einstellenden Erfolge gerne übte, probierte immer wieder So-ist-S und den kleinen und großen Wasserfall. Es wurde der Drehwurf abwechselnd mit der linken und der rechten Hand ausgeführt, normales Balancieren, aber auch Balancieren auf dem zweiten, gebeugten Zeigefingergelenk, dann von einem sehr begabten

Schüler der Balancierdrehwurf mit Händeklatschen, später mit Klatschen unter dem schnell hochgezogenen Knie (Hierbei fing er den Stab aber noch nicht).

Es gab auch Variationen, die ich schnell stoppen musste, weil sie zu gefährlich waren – so zum Beispiel den Wasserfall, bei dem der Stab vorne hochgeworfen und dann hinter dem Rücken gefangen wird. Auch das Balancieren auf dem Kinn war mir zu unfallträchtig. Am Ende der Stunde zeigte jeder eine seiner Variationen vor der Klasse. Fünf demonstrierten „normale" Übungen, die Anderen neu entdeckte Variationen.

In der Schlussminute war es ruhig, aber der Klasse konnte ich ansehen, dass alle innerlich aktiviert waren wie selten zuvor. Sie gingen, in intensive Gespräche vertieft, auf den Pausenhof.

Resümee

In diesen sechs Stunden war ich bewusst ein Risiko eingegangen. Obwohl ich diese Klasse erst in der achten Jahrgangsstufe übernommen hatte und den Schülern deshalb zwei Jahre Stabübungen fehlten, hatte ich versucht, Kreativität im Umgang mit Kupferstäben zu wecken.

Die methodisch-didaktische Anlage

In allen Stunden begann ich mit einem eurythmisch gestalteten Spruch, durch den ich die Schüler das Pausengeschehen vergessen lassen wollte. Dazu traten zwei Übungen, die schrittweise die innere Konzentration steigern sollten: Die Raumform und der Wechseltakt. Mit diesen drei Übungen sollte jede von außen hereingetragene Unruhe neutralisiert bzw. eingebunden werden.

Dann begannen die Stabübungen. Jede Stunde stand jeweils eine andere grundlegende Stabübung im Mittelpunkt. Sie sollten vorher vom Seitgalopp mit fortlaufenden halben Stabdrehwürfen und nachher vom Stabdrehwurf-Wettbewerb umrahmt werden. Dadurch entstand ein Spannungsbogen, der wie ein Ritual gepflegt wurde und den Schülern eine tragende Sicherheit vermittelte.

Die grundlegenden Stabübungen im Mittelpunkt der Stunde wurden von mir in vielfältiger Weise variiert. Zuerst kam immer die „normale" einfache Übung, dann folgten die Variationen.

Diese Variationen bekamen von mir teilweise altersgemäße „coole" Namen wie „Bagger"- oder „Monster-Wasserfall", um damit zum einen mehr Aufmerksamkeit für die Übung zu erzeugen und andererseits Selbstbewusstsein zu wecken, wenn diese Aufgaben gemeistert waren.

In der ersten Stunde nahm ich mit So-ist-S eine, für nicht erfahrene Klassen schwierige Übung, die große körperliche Beweglichkeit verlangt und durch Übung auch erzeugt.

In der zweiten Stunde kamen die Wasserfälle in sieben verschiedenen Versionen an die Reihe. Hier wurde Geistesgegenwart im Handeln geschult, bei der letzten Aufgabe mit dem sozialen Aspekt verknüpft, indem auf die anderen Schüler zusätzlich geachtet werden musste. Die Übungen nahmen dabei kontinuierlich im Schwierigkeitsgrad zu.

In der dritten Stunde wurde das Balancieren eines Eurythmiestabes auf den Fingern geübt. Hierbei werden schnelle, ‚mikrofeine' Körperbewegungen mit den Augen verknüpft (Auge-Hand-Koordination). Auch hier steigerte sich stetig der Schwierigkeitsgrad. Die ersten Übungen begannen im Stehen, dann wurden die Beine in sich dreifach steigernder Weise dazu bewegt und am Schluss wurde wieder gestanden, aber jetzt verließ der Stab erstmals die Hand, um danach wieder balancierend ergriffen zu werden.

In der vierten Stunde wurde, als sozialer Aspekt, der Stabwurf mit einem Gegenüber mehrfach variiert und im Schwicrigkcitsgrad dcrart gcstcigert, dass bei den letzten Übungen nicht mehr alle aktiv beteiligt sein konnten.

In der fünften Stunde wurde die soziale Seite des Stabwurfes gesteigert, indem der Stab nach hinten zu einem für den Werfenden nicht sichtbaren Schüler geworfen wurde. Bei der gleichen Aufgabe im Kreis musste dann eine intensivierte Raumwahrnehmung hinzutreten.

Nach diesen vielen, die Schüler stark fordernden Übungen, wurde in der fünften Stunde ein zeitlicher Rahmen gegeben, in dem die Schüler, angeregt von den vielfältigen Möglichkeiten, den Stab geschickt zu benutzen, versuchen sollten, eigene Übungen zu kreieren.

In der letzten Stunde dieser Unterrichtsreihe wurde der Stabdrehwurf aus der zweiten Stunde aufgegriffen, jetzt aber erstmals ins (schwierige) Gegenteil des Stabrückwurfes verwandelt. Es folgte die soziale Übung des Stabwanderwurfes, bei dem gleichzeitig zum einen Nachbarn geworfen wurde und vom anderen Nachbarn dessen Stab gefangen wurde. Die nächste Steigerung bestand darin, dass jeder erstmals zwei Stäbe bekam, für jede Hand einen. Damit wurde zuerst gleichzeitiger Stabdrehwurf gemacht, als nächste Schwierigkeitsstufe gleichzeitiger Stabrückwurf und – als höchste Stufe – Stabrückwurf und Stabdrehwurf gleichzeitig. Dann wurde wieder Raum für die eigene Kreativität der Schüler im Finden/Erfinden neuer Stabübungen gegeben.

Zur Wirkung auf die Schüler

Kein normaler Neuntklässler zeigt seine Begeisterung offen. Altersgemäß geben sich alle, vor allem aber die Jungen „cool" und zurückhaltend. So verhielt es sich fast ausnahmslos auch in diesen Stunden. Die Schüler zeigten allerdings Verhaltensweisen, die eine für mich deutliche Sprache hatten:

- Alle kamen pünktlich zum Stundenbeginn und zogen sich schnell um.
- Es wurde nicht geschimpft, wenn die Übungen schwieriger wurden. Es wurde aber sehr wohl Unmut geäußert, wenn der eigene Stab zu Boden fiel.
- Niemand ließ seinen Stab fallen, um nicht mehr üben zu müssen. Wenn Schwierigkeiten gemeistert waren, veränderte sich die Körperspannung und man zeigte Stolz.

- Im „Freiraum für Kreativität" am Ende der fünften Stunde waren die Schüler durch die neue Herausforderung verwirrt und chaotisiert.
- Im „Kreativitätsraum" der sechsten Stunde musste ich zwar immer wieder motivieren, weil das Neue ungewohnt war und viel innere Kraft erforderte, doch hatten nun alle meine Absicht verstanden und arbeiteten nach ihren Möglichkeiten mit.
- Die Klasse war zwar erfreut und selbstbewusst, dass in ihrer Gemeinschaft Neues erfunden worden war, verlangte aber in den folgenden Stunden nicht nach einer Wiederholung dieser Übart. Solche Anforderungen sollten in diesem Alter durchaus, aber nicht zu häufig gestellt werden.

Auswertung und Schlussfolgerungen zu dieser Unterrichtsreihe

Mein Ziel war es, durch eine große Vielfalt von Stabübungen die Schüler anzuregen, eigene Variationen zu finden. Während sich die Schüler der dritten Klasse aus der Vielfalt der Lautgestaltungen ihre Gebärden aussuchen und neue kreieren/ kombinieren konnten (Transfer), konnten die Schüler der neunten Klasse die Stabübungen mit eigenen Ideen grundlegend neugestalten (vom Transfer zur Kreativität).

Worauf es bei künstlerischer Eurythmie ankommt

Künstlerische Eurythmie beinhaltet eine bewegliche, lebendige Darstellung der Sprache und der Musik. So wie sich jedes Lebewesen durch einen beständigen Strukturaufbau und Strukturabbau charakterisiert und diese gegenläufigen Prozesse in einem dynamischen Gleichgewicht hält[17], so ist auch die Eurythmie in einer steten, beweglichen, sich in immer neuen Formen äußernden Veränderung, bei der die zugrunde-liegenden Elemente trotzdem sichtbar und erlebbar bleiben.

---

[17] Holm-Hadulla, (2011) S. 56

Eurythmie wird in der Schule als ganzheitliches Ausdrucksmittel eingesetzt, welches möglichst den ganzen Körper, die ganze Person ergreift. Dadurch soll die Beweglichkeit des Innenlebens sowie des äußeren Leibes gefördert und geschult werden.

Warum ist dies für die Kinder so wichtig?
Schüler stehen, wenn eine gesunde Entwicklung vorherrscht, in jedem Lebensalter auf einer anderen Stufe der Ausbildung von Körper und Seele. Diesen fortlaufenden Prozess kann die hier beschriebene künstlerische Eurythmie unterstützen, indem sie, jeweils altersentsprechend, in immer neuer Form unterrichtet wird. Sie muss zu diesem Zweck wahrhaftig aus der jeweiligen Entwicklung heraus an die Schüler herangebracht werden, um deren Weiterentwicklungsmöglich-keiten zu fördern und zu stärken. Woran zeigt sich das?
Das spontane Bewegungsbedürfnis der Jüngeren, insbesondere in den ersten drei Jahrgangsstufen, ist notwendig und sinnvoll. Dadurch werden Wachstumsreize auf Muskeln und Knochen ausgeübt, Atmung und Kreislauf gefördert, der gesamte Stoffwechsel wird angeregt.[18] Durch das ganzheitliche Wirken der Eurythmie werden die körperlichen Vorgänge mit den seelischen verbunden. Der Körper wird zum Ausdrucksorgan der Seele erhoben.
Damit wird in den frühen Jahren eine Basis gelegt, die durch eine altersentsprechende, aber auf den Grundlagen fußende Eurythmie den Jugendlichen hilft, sich während ihrer Selbstfindung nicht innerlich zurückziehen und Krisen durchleiden zu müssen wie auch durch ihr Längenwachstum ihre frühere Bewegungsfreude zu verlieren.
Die Schüler sollen gerade im Übergang, der in der Waldorfpädagogik als Rubikon bezeichnet wird, wie auch in der Pubertät durch die Eurythmie gestärkt werden, ein stabiles Selbstbewusstsein in ihren fortdauernden Veränderungen

---

[18] Schenk-Danzinger, (2001)S. 258

erwerben und Freude an allem Neuen entwickeln. Die für die Heranwachsenden überraschenden neuen Entwicklungsschritte können Ängste hervorrufen. Die eurythmisch-pädagogischen Hilfen sind dadurch, dass der ganze Körper Sprache und Musik innerlich erlebend ausdrückt, eine Möglichkeit, diese Veränderungen aktiv zu ergreifen und durch die erlebten neuen Bewegungspotentiale die Angst vor den Veränderungen in Begeisterung für die stattgefundene Entwicklung umzuwandeln. Am Ende der Schulzeit will ein lebenslanges Verlangen nach Weiterentwicklung erreicht sein. Deshalb darf der Unterricht nicht schematisch gehalten werden.[19]

Die Schüler erleben durch die zur Kreativität erziehende Eurythmie, wie man sich Wissen selbständig aneignen und Situationen eigenständig bewältigen kann. Diese Freude am eigenständigen Entdecken, am Erproben von Ideen muss schon in den unteren Klassen geweckt und bestärkt werden.

Henning Köhler zeigt diese Wege grundlegend auf[20]. Jeder in der Reproduktion verharrende Unterricht lähmt die insbesondere in der Pubertät natürlich vorhandene Freude am Neuen.[21] Bewegliche, den Unterrichtsinhalt von neuen Seiten ergreifende Eurythmie kann hier eine sehr förderliche Hilfe sein.

Das meinem Unterricht zu Grunde liegende pädagogische Prinzip verlangt für die Unterstufe: Die Schüler wählen sich jeweils eine Bewegung, eine Gebärde aus einer größtmöglichen Fülle von Variationen eines Grundelementes der Eurythmie aus. Um dies bewerkstelligen zu können, muss der Unterrichtende die „Urform" dieses Elementes kennen, erleben und sichtbar eindeutig darstellen können. Dann

---

[19] Steiner, Rudolf: *Erziehungskunst Methodisches – Didaktisches*, Dornach 2005.

[20] Köhler, Henning: *Vom Rätsel der Angst: Wo die Angst begründet liegt und wie wir mit ihr umgehen können*. Stuttgart 2007.

[21] Birkenbihl, (2004), S.209.

müssen verschiedenste Abwandlungen gefunden werden. Ein wirkungsvoller Weg ist das Gestalten der Laute sowohl mit Armen, Beinen, Kopf, Rumpf usw., also mit möglichst vielen Körperregionen. Greifen wir als Beispiel noch einmal die Gestaltung des Lautes „B" auf:

Die Gebärde des „B" kann mit beiden Armen, mit jeweils einem Arm, mit beiden oder einem Unterarm gebildet werden. Dann sind noch Hände, jeweils die Daumen, die Zeigefinger, die Mittelfinger, die Ringfinger und die kleinen Finger möglich. Als nächste Varianten können je zwei verschiedene Finger kombiniert werden, also Daumen und Zeigefinger, Daumen und Mittelfinger, Daumen und Ringfinger etc. Dann sind noch Gebärden mit je zwei, drei und vier Fingern an jeder Hand möglich. Dann mit je einem Bein, mit einem Bein und einem Arm, mit einem Bein und zwei Armen und – im Liegen – mit zwei Beinen und zwei Armen. Jetzt kommen noch der vordere und der hintere Körperraum dazu. Ein Bein und ein Arm können vorne, der andere Arm kann hinten sein. Dann: Ein Bein vorne und beide Arme hinten, ein Bein hinten und beide Arme vorne, ein Bein hinten und je ein Arm vorne und hinten. Schließlich können die Gebärden links und/oder rechts vom Körper gestaltet werden. Im Liegen auf dem Rücken sind dann noch viele weitere neue Varianten möglich. Wir haben in den Ausgestaltungsmöglichkeiten des „B" also alle Extremitäten wie auch die drei Raumlage-Ebenen ergriffen.

Einige Lautgebärden, wie z.B. das „M", sind dagegen nur mit dem Rumpf, ohne Beteiligung der Gliedmaßen in alle Raumesrichtungen möglich.

Um zur Entdeckung dieser Vielfalt anzuregen, muss der Lehrer einige Variationen vorgeben, um die Kinder dann eigene Gestaltungen finden zu lassen. Ein erfolgreicher didaktischer Griff ist die Abwandlung des Detektiv-Spieles von Birkenbihl[22], bei der die Schüler zu Detektiven ernannt werden und neue stimmige Gebärden suchen dürfen. Dabei ist

---

[22] Birkenbihl, (2004) S. 120.

es unerlässlich, schon etliche sehr unterschiedliche Varianten gezeigt zu haben. Hier entwickeln wir im Sinne des Vierschritts aus dem bewegten Bild des Lautes das Rätsel, das der Schüler in eine von ihm kreativ weiterentwickelte Rätselfrage verwandelt.

Jedes „B" das gebildet wird, ist „richtig und schön", so unterschiedlich das eine auch vom anderen ist. Darin liegt das Phänomen von Begriffen und der Vielheit ihrer Erscheinungsformen begründet. Um die Schüler vor willkürlichen Gebärden zu bewahren, muss der Lehrer, wo zu Beginn dieses Kapitels schon erwähnt, die eurythmische Urgebärde jedes Lautes empfinden und darstellen können. Hier macht er sich das pädagogische Gesetz zu Nutze, indem das Wirken des Sprachgeistes (Geistselbst) durch die Gebärde eine Realität wird, die auf die höheren Wesensglieder (Ich und Astralleib) der Schüler wirkt. Auf diese Weise können die Schüler statt auf einem intellektuellen Erkenntnisweg, auf einem künstlerischen, einem Erlebnisweg zum Begriff kommen und dabei ihren Körper als Organ des eigenen tätigen Geistes und der eigenen Seele einsetzen.

Die Kinder lernen spielerisch und ohne „Lernstress", zu jeder eurythmischen Grundgebärde vielfältigste Abwandlungen nachzuahmen. Aus dieser, ihrem ‚Bewegungsgedächtnis' zur Verfügung stehenden Fülle können sie dann ihren eigenen Namen gestalten. Jedes Kind sucht sich die persönliche Zusammenstellung von Lautvariationen für seinen Namen selbst aus. Dadurch ist jeder Name in seiner Zusammenstellung ein individuell zugeschnittenes Unikat. Die Schüler benutzen dabei kein eurythmisches „Wörterbuch" mit den stets gleichen Gebärden.

Ich habe hier die Lautgestaltung als eines von vielen anderen möglichen Beispielen beschrieben. Die hier beschriebene Methode gilt auch für alle anderen Unterrichtsteile, die immer lebendig bewegt und abgeändert sein sollten.

In der Oberstufe werden die Aufgaben anders gestellt – wie zum Beispiel beim Arbeiten mit den Kupferstäben:

Jede der sieben von Rudolf Steiner beschriebenen Stabübungen[23] wird exakt angelegt. Dazu können ergänzende Übungen wie das Stabbalancieren kommen, die der Schulung der Geschicklichkeit dienen. Dann werden diese Grundübungen vom Lehrer möglichst vielfältig variiert und im Schwierigkeitsgrad größtmöglich gesteigert.

Dann wird den Schülern in einer Unterrichtsphase, der Übungen zur „Durchwärmung" vorangegangen sind, ein zeitlicher Freiraum gegeben, in dem sie durch tätiges Üben mit den Kupferstäben auf eigene Variationen der Grundstabübungen kommen. Diese Freiräume werden viele Stunden hindurch wiederholt, um die Klasse an das eigenständige, konkrete Suchen zu gewöhnen. Sobald die ersten Schüler eigene Varianten gefunden haben, dürfen sie ihre neuen Übungen den Mitschülern zeigen, was sie und die Zuschauer animiert, kraftvoll weiterzusuchen. Anwendbare, pädagogisch sinnvolle neue Variationen werden nach dem Nachnamen der kreativen Schüler benannt.

Meine Vorgehensweise in der von mir vorgestellten Unterrichtsreihe bestand darin, der Klasse jede Stunde eine Vielfalt von Variationen jeweils einer anderen Grundübung zu zeigen und sie dadurch anzuregen, selbst neue Kreationen zu entwickeln.

Die Schüler waren gefordert, das Grundprinzip der jeweiligen Stabübung wie z. B. das Balancieren, von den Fingern auf andere Körperregionen (Handrücken, Ellenbogen, Fuß, Oberschenkel etc.) zu verlegen, die Bewegungen zu reduzieren (Wasserfall mit einer anstatt mit zwei Händen) oder zusätzliche Bewegungsabläufe einzubauen (Beim Wasserfall vorne zu klatschen, während der Stab fällt und ihn dann trotzdem hinten zu fangen). Die Schüler wurden angeregt, das Prinzip der Grundübung mit neuen Bewegungen und/oder Körperregionen zu kombinieren, sie zu variieren oder die Bewegungsabläufe reduzieren.

---

[23] Bock, (2006)S. 7 ff.

Wie haben die Schüler darauf reagiert?
Unterstufe Klasse drei:
Am Detektivspiel beteiligten sich die Kinder im Laufe der Zeit immer interessierter. Es ging fast immer zögernd an, aber wenn einzelne Kinder neue Ideen hatten, zogen die anderen mit. Sobald die ersten Schüler neue Körperregionen für z. B. das „B" gefunden hatten, ahmten andere das nach und begannen, mit anderen Körperregionen zu experimentieren. Schüler, die eine neue Idee hatten, drängten danach, dies der Klasse und mir zu zeigen. Ihre Körperhaltung war gestreckter und die Gesichtsfarbe kräftiger. Einige Kinder hatten rote Köpfe. Die Arme gingen mit Spannung nach oben, wenn sie sich für das Demonstrieren einer Übung meldeten. Dabei hüpften mehrere Kinder hoch.

Wenn die Schüler dann einzeln ihre neuen Gebärden demonstrierten, waren sie ganz bei der Sache. Wurden sie durch mein Lob bestätigt, nahm ich auf den Gesichtern und in ihrer Körpersprache Stolz, Selbstzufriedenheit und Selbstsicherheit wahr. Niemand äußerte nach diesem Arbeitsteil, dass er müde sei, oder den Wunsch habe, sich zu setzen. Die aktivsten Kinder entwickelten sogar neue Ideen. Sie wollten keine Pause machen, weil sie ihren Erfolg zu wiederholen versuchten.

Am Unterrichtsende zeigten sich die Kinder angeregt und gleichzeitig ruhig und zufrieden. Beim Herausgehen aus dem Saal hüpften einige Kinder, viele lachten und diejenigen, die sich sonst mit der Eurythmie schwertaten, lächelten und wirkten selbstbewusst und lebensfroh.

Oberstufe, Klasse neun:
Die Schüler hatten durch die vorangehenden Unterrichtsstunden etliche Variationen von Stabgrundübungen kennengelernt. Als sie das erste Mal einen Freiraum bekamen, um eigene Varianten zu kreieren, entstand Chaos, Unruhe. Niemand konnte meine Anregungen aufgreifen. Es war für alle

ungewöhnlich und zugleich verstörend, nicht vom Lehrer geführt zu werden.

Bereits in der nächsten Stunde war es fast allen möglich, in dem von mir gegebenen zeitlichen Rahmen mit ihren Stäben zu experimentieren, um neue Abwandlungen der bekannten Übungen zu finden. Die auch sonst geschickten Schüler regten durch ihre intensive Arbeit die anderen an, ebenfalls nach neuen Bewegungsformen zu suchen.

Bis auf ein Mädchen, das sich sehr müde fühlte, waren somit alle von sich aus tätig. Die Leistungsschwächeren waren mit bekannten Variationen beschäftigt, die sie noch nicht sicher beherrschten, während diejenigen, die Eurythmie gut beherrschten, neue Wege suchten. Zwischen diesen beiden Gruppen gab es viele Abstufungen.

Wie oben beschrieben, leben die Schüler dieses Alters in einem großen Spannungsfeld, das chaotische Verhaltensweisen hervorrufen kann. In der letzten Stunde meiner Unterrichtsreihe machte sich das dadurch bemerkbar, dass gerade die Jungen beim Üben abschweiften. Ein Junge schwang seinen Stab Gung-Fu-mäßig, andere versuchten sich ansatzweise auf den senkrecht vom Boden abstehenden Stab zu setzen, wieder andere begleiteten ihre Forschungen mit kurzen Schreien. Dies alles nahm ich nur als kurzfristige Unterbrechung des Übprozesses wahr, danach forschten die Schüler nämlich weiter.

Während der Suche nach Neuem blieben die Blicke und die Körperhaltungen vor allem der Jungen altersgemäß zurückhaltend, scheinbar unbeteiligt. Die beiden Mädchen, die jeweils eine neue Variation fanden, lächelten und bekamen mehr Körperspannung – insbesondere, als ihre Ergebnisse vom Lehrer positiv bestätigt wurden. Nach dem Abschluss der Stunde war die Klasse wesentlich leiser als gewöhnlich. Die Gesichter waren entspannter, die Körperhaltungen aufrechter (Zufriedenheit und Stolz).

Wurden meine Unterrichtsziele erreicht?
Klasse drei:
Mein Hauptziel war, die Klasse für vielfältige Variationen der Laute zu interessieren, sie in eine entdeckende Haltung zu führen und zu befähigen, bei der Gestaltung ihres Namens aus der großen Fülle der möglichen Bewegungen selbständig Gebärden auszusuchen (Analogieschluss). Jedes Kind der dritten Klasse hat diese Leistung erbracht. Damit war das Hauptziel erreicht.

Zur Nachhaltigkeit und Übertragbarkeit der angewendeten Methode kann ich aus dem aktuellen Stand der Klasse mitteilen, dass die Schüler bis heute, ein halbes Jahr nach dieser Übungsreihe, immer noch in der Lage sind, ihre Namen individuell zu gestalten.

Mein Ziel, dass die Schüler ohne Überlegen und sofort spontan ihren Namen gestalteten, wurde von mir nicht erreicht, sie mussten bis zum Schluss immer überlegen, wie es geht. Dafür war die Zeit zu knapp. Doch gehe ich davon aus, dass diese Kinder auch mit zukünftigen Entwicklungsschritten und Krisen innovativ und kreativ werden umgehen können.

Klasse neun:
Mein Hauptziel war, die Klasse in die Lage zu versetzen, durch das Üben von zahlreichen Stabvariationen eigene Varianten zu erproben und experimentell Neues zu finden (Kreativität). Dies wurde durch die geschilderten Beobachtungen zumindest teilweise erreicht. Die Schüler waren ab der sechsten Stunde kreativ tätig. Zwei Mädchen gelang es, neue Stabübungen zu entwickeln, für die anderen war offensichtlich der zeitliche Rahmen zu eng.

Bei der eigenständigen, übenden Tätigkeit in dieser Unterrichtseinheit, bei der die Schüler ohne äußere Anleitung auf sich selbst gestellt waren, nahm ich äußere Ruhe, eine straffere Körperhaltung und etwas entspanntere Gesichtszüge wahr, die ich als Selbstzufriedenheit und beginnende Selbstsicherheit interpretiere.

Ausblick

Wenn es möglich sein wird, dass die oben geschilderten Methoden der Kreativitätsentwicklung in allen Klassenstufen angewendet werden, könnte viel verborgenes Potential bei den Schülern geweckt und für ihre Entwicklung fruchtbar gemacht werden. Die oben geschilderten Wirkungen auf die Schüler berechtigen mich zu der Hoffnung, dass dann das Fach Eurythmie einen bedeutenderen Stellenwert in der ganzen Schülerschaft erreichen werde (vgl. Vorwort).

Entwicklung ist immer ein Vordringen in Neuland. Um Freude an solcher Entwicklung zu haben, ist es nötig und wichtig, dass man positive Erfahrungen im Umgehen mit neuen Schritten macht. Keine dogmatische Fixierung hilft dabei, Veränderungen zu bewältigen. Der aus meiner Sicht erfolgreiche Weg ist, offen darauf zuzugehen, bereit zu sein, Neues wahrzunehmen und zu denken und zu tun.

Da echte Kunst nie schematisch „wörterbuchmäßig" sein will – sie würde dann aufhören, Kunst zu sein – kann diese geschilderte Entwicklung und Differenzierung aus meiner Sicht auch ein Weg unter anderen sein, die Bühneneurythmie zu beleben, indem neue Bewegungen, neue Bühnenkleidung und neue Bühnengestaltungen gefunden werden.

Meine Ziele habe ich durch entdeckendes Lernen und durch das Zulassen eines selbständigen Suchens durch die Schüler erreicht. Dies ist aber nur möglich, wenn der Lehrer sich in seinem Selbstverständnis als Lernbegleiter begreift und nicht als Unterweiser. Ich ließ Freiräume zu, in denen die Schüler eigenständig finden, entdecken und ausprobieren konnten. Die offenen Aufgaben regten die Kinder an, zu experimentieren und zu suchen.[24]

---

[24] Bauer, Hans G. u. A.: *Lern(prozess)begleitung in der Ausbildung: Wie man Lernende begleiten und Lernprozesse gestalten kann,* 3. Aktualisierte Aufl., Bielefeld 2009.

Literaturverzeichnis

Amtsblatt der Europäischen Union L 394/13 vom 30.12.2006.

Bauer, Hans G. u. A.: *Lern(prozess)begleitung in der Ausbildung: Wie man Lernende begleiten und Lernprozesse gestalten kann,* 3. akt. Aufl., Bielefeld 2009.

Birkenbihl, Vera F.: *Trotzdem Lehren*, Offenbach 2004.

Bock, Rosemaria: *Die Stabübungen Rudolf Steiners für die Eurythmie*, Stuttgart 2006.

Brozozowska-Marjorek, Magdalena: *Eurythmie und Heileurythmie,* in: Kompendium der Heilpädagogik, hg. v. Grimm, R. u. Kaschubowski, G., München, Basel 2008, S. 369- 380.

Daniel, Helga: *Bewegt ins Leben. Eurythmie in den Klassen 1 bis 4,* Stuttgart 2008.

Dubach- Donath, Annemarie: *Die Grundelemente der Eurythmie*, Dornach 1981.

Händel, Georg Friedrich: *Aylesforder Stücke,* Edition Schott 2129.

Holm-Hadulla, Rainer M.: *Kreativität zwischen Schöpfung und Zerstörung*, Göttingen 2011.

Kempter, Margarete: *Begleitungen am Klavier für den Eurythmieunterricht*, Otanes Verlag 1999.

Köhler, Henning: *Vom Rätsel der Angst: Wo die Angst begründet liegt und wie wir mit ihr umgehen können*, 4. ver. Aufl., Stuttgart 2007.

König, Karl: *Heilpädagogische Diagnostik,* neun Vorträge v. 12.-18.5.1965, 3. Aufl., Arlesheim 1983.

Leber, Stefan: *Die Menschenkunde der Waldorfpädagogik*, Stuttgart 1993.

Leonard, George: *Der längere Atem,* Bergisch Gladbach 1998.

Richter, Tobias: *Pädagogischer Auftrag und Unterrichtsziele – Vom Lehrplan der Waldorfschule*, Stuttgart 2010.

Schenk-Danzinger, Lotte: *Entwicklungspsychologie*, 25. Aufl. Wien 1998, Nachdruck 2001.

Schirmer, Heinrich: *Bildekräfte der Dichtung: zum Literaturunterricht der Oberstufe*, Stuttgart 1993.

Schuchhardt, Malte: *Lachen und Weinen – Erzieher der Seele*, Stuttgart 2005.

Slavicky: *Tschechoslowakisches Jugendalbum für Klavier*, Edition Peters Nr. 9418.

Steiner, Rudolf: *Die Entstehung und Entwickelung der Eurythmie*, GA 277a, Dornach 1998.

Ders.: *Eurythmie als sichtbarer Gesang*, GA 278, Dornach 2001.

Ders.: *Eurythmie als sichtbare Sprache*, GA 279, Dornach 1990.

Ders.: *Erziehungskunst Methodisch-Didaktisches*, GA 294, 5. Aufl., Dornach 2005.

Ders.: *Der pädagogische Wert der Menschenerkenntnis und der Kulturwert der Pädagogik*, GA 310, 3. Aufl., Dornach 1965.